歌って唱えて字が書ける

下村式 ひらがなの教え方

現代子どもと教育研究所　下村昇・著

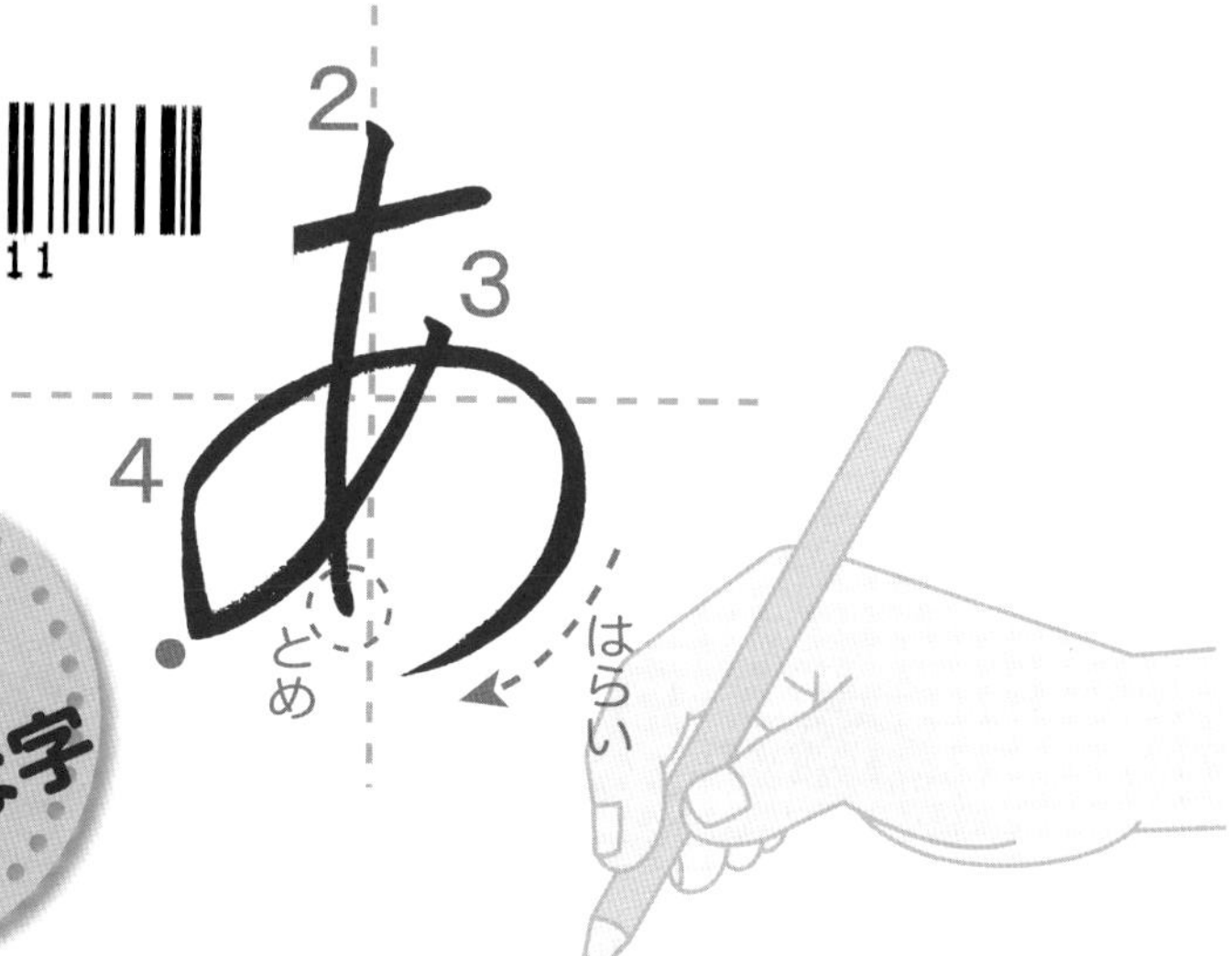

リズムで
覚えて
きれいな字

クリロンワークショップ画空間

はじめに

もぐらが　さんぽに　いきました。
ひとりで　のはらへ　いきました。
じめんの　したの　おうちから
あなほり　つちほり　えっさか　ほい。

もぐらは　とんねる　ほりながら
のはらへ　さんぽに　いきました。

これは『下村式　唱えて覚える　ひらがな　あいうえお』（下村昇・文／永井郁子・絵／絵本塾出版・刊）という絵本の始まり部分です。何度も読んでいるうちに平仮名が楽しく覚えてしまえる絵本です。次のページを開けると、見開きで、

「あ」・あら　あら　あひるさんも　おさんぽね、

「い」・いた　いた　いぬの　わんちゃんも…

といった調子で、お話が進んでいきます。絵もとっても楽しいのです。


さあ、どんなモグラの散歩が始まるのでしょう。読んでもらうために集まってきた子どもたちの瞳が輝いています。もう一ページ、めくりましょう。


「う」・うしの　おじさん　うんちした。「もおお…」

「え」・えっへん　おっほん　でてきたものは…

こうして、次のページに続きます。子供たちはうきうき気分です。

「お」・おおきな　おおきなおひさまさ
「か」・かがやく　ひかりだ、よい　てんき。


文章がリズミカルですし、永井さんの絵がまた、とても素敵なのです。子供たちは　すっかりとりこになってしまいます。そして、おしまいにはお話を覚えて、みんなで朗読の大合唱になってしまいます。

文字を覚えると「知識」が深まります。知識が深まると「知恵」が広がります。そうして言葉が豊かになれば、読む力も、書く力もついてきますし、物事を深く考えるようにもなります。

「知識は力なり」といいますが、「ことばこそ力なり」ではないでしょうか。

幼児は文字を覚えたがっています。そうした幼児をお持ちのお母様、お父様方は、子供が文字に目覚め始めたらどうすればいいのでしょうか。文字を知りたい子供に文字を教えることや、文字に目覚めさせることも大事な育児のひとつです。

どうせなら、楽しく教えましょう。

兼好法師の『徒然草』第62段に、

○ふたつ文字、牛の角文字、直ぐな文字、歪み文字とぞ君は覚ゆる

という歌が出てきます。これは延政門院（出家した後嵯峨天皇の皇女・悦子内親王）が、幼少のころに、院（御所）へ参上する人に言伝を頼んでお詠みになった歌だそうです。

悦子内親王が読んだこの歌は、言葉遊びかパズルのようなものになっているのです。「ふたつ文字」というのは平仮名の『こ』、そして「牛の角文字」は『い』、「まっ直ぐな文字」は『し』、「ゆがみ文字」は『く』という字の謎。これが、すなわち、

○ふたつ文字、牛の角文字、直ぐな文字、歪み文字とぞ君は覚ゆる

なのです。

それらを合わせると『こいしく』になるわけで「恋しく思ひ参らせ給ふ」とあります。何としゃれたラブレターでしょう。

本書でご紹介するのも、例えば、

○よこぼう　かいて　たて　そって　ななめで　もちあげ　まわして　ぴゅう
○ななめで　しゅっ　おむかい　とん
○てんうって　よこぼう　もちあげ　まわって　ぴゅう
○てんうって　よこかき　ひっぱり　もどして　くるん
○よこをかき　たてぼう　おろして　もちあげて　ぐるっと　まわして　てんつける

などと唱えながら書くわけですが、この口唱法も負けずに言葉遊びかパズルのよう

に、子供と遊びながら覚えられる仕掛けになっているのです。
しかも、この方法（下村式）は日本各所の幼稚園や小学校などで、平仮名ばかりでなく、漢字の教え方などにまで導入して成果をあげています。
２０２０年には教育漢字の数が現在の１００６字から１０２６字に増えるという話も出ています。今から平仮名の口唱法の使い方を練習しておくと、高学年になっても漢字の学習が楽になること請け合いです。

本書の性格上、第五章が少し理屈っぽいと思われる方は、そのまま流し読みして第六章の「平仮名の唱え方と教え方のポイント」に進んでいただいてけっこうです。そして、すこし読み慣れてから、あちらこちらとつまみ読みしてください。

本書の出版のため、英断を下していただいたクリロンワークショップ画空間の代表・栗原様はじめ、スタッフの皆様、そして、本書の出版にご尽力くださった多くの方々に、末筆になりましたが、厚くお礼を申し上げます。子供の育成ばかりでなく、文字の教え方に関心を寄せてくださり、絵画・書道・音楽、その他多角的に日本の文化の向上のために全事業所を挙げて推進・努力を惜しまない姿には感服するばかりです。

本書の提案が皆様の文化事業の企画の推進にいくらかでもお役に立つことができればうれしい限りです。

著者記す

目次

第三章　親ができる文字指導とはなんなのか

第四章　口唱法に入る前の準備

第五章　「口唱法」で教えよう

第六章　平仮名の唱え方と教え方のポイント

第一章

平仮名なんて簡単だって、思っていませんか

（1）「よき母親は百人の教師にまさる」というけれど

幼児は文字を書きたがっています。無理もありません。絵本を見たり、読んでもらったりしながら育っているのですものね。そして、そればかりでなく、自分がふだん絵本などで見ているような文字を、お父さんやお母さん、お兄ちゃんやお姉ちゃんまでもが、書くのを見ているのですもの。こうなると、その子に「自分も書いてみたいなあ」という欲求が起こり、その欲求は日を追うごとに強くなっていくのは当然だと思うのです。

そうしたときに、子育て真っ最中の母親の考え方が二派に分かれていきます。一派は「文字は学校で教えてもらうもの、家で親が教えられるはずがない」と考えるタイプの人たち。

以前は学校自体も入学前の説明会などで「文字は入学前に教える必要はありません。自分の名前が読めて書ければけっこうです」と父母に説明していました。

もう一派は「もう、よその子は、字をすらすら書いてるんだってよ。うちでも教えなくちゃあ」と考える負けず嫌い派。

そう言えば、入学してから、担任の先生に次のようなことをお願いする母親もいるという話を聞いたことがあります。

「先生、うちの子はわたしが『床屋に行きなさい』と、いくら言ってもいうことを聞かないので、先生から『行くように』って、いってくださらない？」

と、散髪屋へ行くことまで依頼するというのです。

差し詰め、この親などは、子育てや育児全般は学校にしてもらうものだと思っているのではないでしょうか。当然、しつけをはじめ、箸《はし》の持ち方から文字を覚えさせることも、礼儀作法を教えるのも、学校の仕事だと思っているのだと思います。

しかし、学校や先生をこんなにあてにして大丈夫でしょうか。入門期の文字の教え方を学校に任せてしまってよいものでしょうか。

先日の新聞にも中学生の投稿がありましたが、「宿題は出さないでほしい。僕は学校以外のことで、やりたいことがいっぱいあるんだ」という悲痛な叫び。毎日の宿題、夏休みや冬休みの課題、子供はそんな宿題に悲鳴を上げているのです。

そればかりか、文字の書き順練習など、毎日の宿題にして、学校ではやらない先生がたくさんいるというではありませんか。大切な一字一字の文字を「書いていく過程・順序」を（これを「書き順の勉強」と言い換えても良いのですが）「正しく書けているか、どうか」と先生が自分の目で確認し、先生の目で見定めることもなく、宿題にするといいます。いやいやながら、ひどい書き練習をしている子がたくさんいるそうです。

筆順練習というのは一字一字を書いていく過程が確かでなければならないはずなのに、宿題にすると肝心なところを先生は見ていないということになります。

例えば「今日習った漢字を全部、一行ずつ書いてくること」とか、「一点一画ずつ、きちんと書いてくること」。そんなことを宿題にして家でやらせる先生がいます。その先生は子供が家でやったノートをやってきたかどうか点検するだけ、すべての文字が書き順通りに書いてあるかどうかは、チェックもできないのです。そんな学校に子供が任せられますか。

自分の子が書く作文を見て、どうも、うちの子は習ったはずの漢字も使えず、平仮名ばかりで書いているのが気になるという母親が多いという声も聞きます。そして、それは先生の教え方が悪いからだという親たち。それに対して、いくら教えてもこの子たちは漢字を使って作文が書けないと嘆く先生たち。

はたまた、同じ漢字をノートに一行ずつ書いてくることなどを宿題に出し、そんな漢字練習の仕方を当然のように考えている学校、そんな教育方法をとっている学校や先生に、これから先、一生使うであろう大事な文字の基礎になる学習が任せられますか。

「良き母親は百人の教師に勝る」という言葉がありますが、ゲーテの母、リンカーンの母、孟子の母など、先生にまさる母が多いことは御承知でしょう。わが国の母親で、こと、文字を教えることに関して、教師に勝る親がいたでしょうか。あなたご自身はどうですか。

今の子供たちと同じように、多くの親が子供のころ、学校で担任の先生から教わった書き方を思い出して、その先生から教わったのと同じような教え方をわが子にもしているのではないでしょうか。

明治時代から日本の小学校教育は百年もの歴史を積んできましたが、その百数十年の間、どんな文字の教え方をしてきたでしょうか。そして、母親たちは自分の子供にどんな文字の書き方を教えながら子供を育ててきたでしょうか。

平仮名は、日本の子供たちならだれだって、いちばん初めに習う文字ですし、入学前にすでに、絵本などでみたり、読んでいたりしている文字です。

それだけに、(あなたご自身が「読む」というのは簡単なのでしょうが)、それをわが子に教えるとか、読ませるというのはどうなのでしょう。本当にあなたには平仮名をきちんと教えてやれる自信があるのでしょうか。

わたしはいま、「きちんと教える」といいましたが、この「きちんと」というときの「きちん・と」は、「手順を知った上で文字の教え方の処理が的確にできますか」ということなのです。「バカにしないでよ」などといわないでください。わたしは、次のようなことも含めて言っているのですから。

もう一度冷静になって、我が身を振り返ってみてください。

①教師でなくても「あいうえお、かきくけこ……らりるれろ　わをん」の46字を覚え、それを組み合わせて「あり」とか「かき」とか「はと」などと書いたり、読んだりできるようにすることは、比較的に簡単に達成させられることでしょう。

「簡単に」といいましたが、実はそれ自体も相当大変なことなのではないでしょうか。一人残らずの人が、だれでも、覚え込んでしまうまでは、そう簡単でもないかもしれません。教えたと思っても、いつの間にか、字形の乱れ、「鏡文字」といわれるような逆さ文字、裏返し文字のようなものを書いてしまう子供もいるほどですから。初期の段階では、子供の半分くらいはそうした字を書くものだとも、いわれています。

もし、あなたの教えた子供が、鏡文字を書くようになってしまっていたら、それを矯正してやらなければなりません。どうやって治させますか。こうしたことを考えると、初めから間違わないように「きちんと」教えるということは、そんなにたやすいことでもないのではないでしょうか。

ましてや……

②その子の慣れ親しんだ最愛の「お父さん」や「お母さん」ということばを平仮名で書かせようとしたとき、子供はどう反応するでしょうか。

せっかく平仮名を教えるのですから、真っ先に「お父さん」「お母さん」は子供が覚えた平仮名で書かせたいものですよね。お宅では「パパ」「ママ」派ですか。それだとこれは片仮名を教えなくてはなりません。片仮名の教え方はまた別の問題ですから、ここではいったんおいておきましょう。とりあえず、この本では「平仮名の教え方」に的を絞って話を進めようと思います。

(2)「お父さん」「お早う」を平仮名で書かせてみる

さて、「お父さん」「お母さん」、これを子供に書かせてみると、子供は「おとおさん」「おかーさん」とか「おかさん」のように書いてしまいがちです。これでは、正しく「お父さん」「お母さん」を平仮名で書いたことにはなりませんね。「おかあさん」はともかく、「おとうさん」とか、「おめでとう」「おはよう」などのような、「発音どおりに書いてはいけない単語」があるのだなどということを知った子供は驚いてしまうのではないでしょうか。ためしに、お宅のお子さんに「平仮名で書いてごらん」といって、『お父さん』と書かせてみてください。

さて、どうでしょう。「お父さん」は「おとおさん」ではなく、「おとうさん」と、「お早う」は「おはよお」ではなくて「おはよう」と書けましたか。また、あなたは「お」

ではなく「う」と書くのだと教えましたか。なぜ「おとおさん」や「おはよお」ではいけないのでしょう。幼児が納得いくように教えられましたか。

ここが大事なところです。うっかりしていると、「おとおさん」ばかりか「お姉さん」を「おねいさん」と書いてしまう子も出てきます。

さらには……

③「ぼくは」を「ぼくわ」と書いたり「ねこわさかなおくわえて……」のように、助詞の「ワ・ヲ・エ」を発音とは違った「は・を・へ」と書くこともきちんと教えなければなりません。そうでないと、平仮名で日本語を書く方法を教えたことになりません。

こんなことをわたしに言われて「あら、あたしが〈できる〉といってるのは、「あ」はア、「い」はイと読むという、平仮名の一字一字の〈読み〉を教えるだけのことよ」などといわないでください。だって、書店で売っている絵本を読ませるのでしょう。だとすれば、それらの絵本の中には、たとえば「きしゃ」とか「きっぷ」とか「まんじゅう」などという言葉も平仮名で書いてあるでしょう。これらは「き・し・や」

とか「き・つ・ぷ」ではありませんね。そして「まん・じゅう」も「ま・ん・じ・ゆ・う」ではありません。それは「き・しゃ」であり「きっ・ぷ」であり、「まん・じゅう」のはずです。そればかりか、「ぷ」は「ふ」ではなく「プ」という半濁音です。こうした読みや書きはどう教えますか。さらには「てんてん」（これを「濁点」といいます）のついた濁音の読みも教えなければなりません。

子供がこのように、確かな平仮名の読みができないということや、読み方を間違う、あるいは間違って書くということは、日本語の法則、構造どおりの間違いに陥っているということで、学習していない子供にはきわめて当然のことなのです。

だから、こうして「平仮名を教える」ということを考えてみると、教える側が日本語の表記（書き表し方）の決まりを知っているだけでなく、意識していなくてはなりません。そうたやすいことではないのです。

（3）日本語の書き表し方を学ぶ段階はたったの3つ

もう一度、ここでまとめておきますが、日本語の表記の仕方には、つぎの３つのポイントがあるわけです。

（1）1音節1文字の段階。

「あいうえお」46文字が分かれば、それらを組み合わせて「あり」とか「いす」とか「かき」などと、単語を表記できる段階。

（2）1音節2文字（あるいは3文字）の段階。

「お茶」は、（お・ちゃ）と書くとか「切符」は「きっ・ぷ」のように、1音節を2文字で書き表す表記上の決まりを知らなければ、単語を読んだり、書いたりすることができないことを知る段階。

（3）「助詞」（は・へ・を）のような特殊な表記を学ぶ段階。

ある調査によりますと、次のような結果だったといいます。

1年生の2学期で「お・ちゃ」（お茶）が書けない子…73％

「りょ・こう」（旅行）が書けない子…57％

3年生の2学期で「チュー・リッ・プ」が書けない子……93％
6年生の2学期で『チュー・インガム』が書けない子……57％

これらの結果というのは、学校の先生が、教え方が分からなかったとか、そんなことまで丁寧に教えなくてはならないなどということにまで気が回らなかったからでしょう。それは基本的には、従来の日本の国語教育が（2）の「お茶・汽車」とか、「切符」のようなハ行の仮名のうち、無声破裂音（P）を子音に持つことばを、仮名で書くときは半濁点（パ・ピ・プ・ペ・ポ）の音節になるというきまりの表し方（符号の付け方）を教える段階（カリキュラム的に）を抜かしてしまっているからです。学習のどこかで、そうしたことを学ぶ時間を作らなくてはならなかったのです。そしてさらには、（3）の「助詞」の（は・へ・を）などについては、「助詞の働き」や「どのように教えたらよいか」という教える方法を持ち合わせたり、気づいていなくてはいけなかったのです。

そのほか、「ぢ」「づ」を用いて書くときの、

○同音の連呼によって生じた「ぢ」「づ」

（例）ちぢむ　ちぢこまる　つづく　てづくり　こづつみなど。

○二語の連合によって生じた「ぢ」「づ」

（例）はなぢ　そこぢから　いれぢえなど。

こうしたことばの書き方もどこかでやっておかなければなりません。

問題は日本の国語を教える先生が科学的な正しい教育方法（教え方）をいかに習得し、どのような手立てをもって、子供に教えればよいかという教え方にかかっているのです。だから、従来の国語教育の中には、大雑把に読む読みの教え方はあっても、書きの教え方、平仮名についての大切な「書き方」（表記法）の部分は、読み書き共にすっぽりと抜けていたとみていいのです。

（4）平仮名の「字形」にも、いろいろな概形がある

そればかりではありません。文字には漢字にも片仮名にも、もちろん平仮名にも、それぞれの字の書き順（「筆順」ともいいます）があり、美しく見やすいように書くための字の形、概形というものがあります。それは部分的に、ある部分が「曲がっている」（その例「か」）、「反っている」（その例「そ」）とか、全体形（「概形」と

もいいます）を見ると「まるい」（その例「の」）だとか、「三角形」（「ふ」）だとか「縦形の長方形」（「よ」「く」「し」など）だとか、反対に、これは「横型の長方形」（「つ」「へ」「い」など）だとかいうものもあります。

〇平仮名46字の概形の例

正方形……け　せ　て　に　は　ひ　ほ　む　や　ゆ（10字）
横長四角…い　つ　ぬ　へ（4字）
縦長四角…う　き　く　こ　し　そ　ち　ま　も　よ　ら　り　を（13字）
三角形……ふ　み　ん（3字）
菱　形……す　な　る　ろ（4字）
円　形……あ　お　か　さ　と　ね　の　め　れ　わ（10字）
台　形……え　た（2字）

こうして一字一字を見ると「あいうえお」の46文字がすべて同じ形、同じ大きさだということはないようです。こうした見方・覚え方は、読むことはともかくとして、実際に自分で書く段になると、どうしても意識せざるを得なくなります。幼児のころから、書道教室などに通っている子は幸せです。恵まれているわけです。以下で説明する「口唱法」という「文字の書かせ方」では、こうした字形の見方も初めに訓練します。

(5) それでも、幼児は文字を書きたがっている

今は親の意識が高まると同時に、幼児でも、社会的に、そして年代的に、文字に触れる機会が早くなっています。街の書店をのぞいてみても、「お風呂に持ち込む赤ちゃん絵本」などというものまでも出ています。(何もお風呂の中にまで持っていかなくてもよいと思いますが、)たまたま私が見たものは動物絵本(かわいい動物の絵や写真の本)でしたが、本という概念のものの対象が満一歳未満の赤ちゃんにまで下りてきているのです。ましてや、幼稚園や保育所などでは、母の日だとか、父の日、クリスマス、お誕生会など、いわゆる行事にかこつけて、お手紙と称する書き物を添えたプレゼントを制作することを計画します。そして、子供の書いた絵や作品に添えて、文字(お手紙・メモ)を書かせます。

家庭では2歳になる前から「読み聞かせ」をしながら寝かせつけます。当然、子供は文字に興味を持ちます。3歳過ぎには自分でも読み始めます。また、NHKのTV「にほんごであそぼ」なども興味を持ってみている子供も多いとか。「おかあさんといっしょ」と同じ位の視聴率があるというのですから、そうしたものもかなり刺激になっていることがうかがえます。ほかにはパズル形式の「平仮名マシン」などの知育玩具もあるようです。

まあ、なんといっても幼児の身の回りには各種の文字環境がそろっているといえそうです。そうした社会の中で育てば、幼児は親や兄弟の背中を見ずとも、知らず知らずのうちに文字に興味を持つようになるわけです。

子供は文字が読めるようになると、必然的に書きたくなります。とはいっても、もちろん、文字に書き順があることなどは知りません。自分の目についたところから勝手に書き始めます。音声付き平仮名マシンで自然に覚えてしまったなどという子供もいますし、興味の高い電車の図鑑などから覚えたなどということもあるようです。「ひかり」という字が読めるようになった子が、お米屋さんの店の前を通ったとき、「こしひかり」の袋が高く積んであるのを見て「ひかり・ひかり」と大声で指差したなどという話も聞きました。こうなると子供は読むばかりでなく、自分で書きたくなります。こんな話があります。

ようちゃんはさ、
『む』っていうじを、くるっとまわして　ぴんとやって　ちょん、って
おしえてくれたから、もうすぐに　わかっちゃったけど、
おかあさんはさ、ぼくの手を持って、
こうやって、こうやるの、って、いうだけなんだもの
すぐ　わかんなくなっちゃうんだよ。

これは、すでに五十年以上も前（1964年）に、私が全国漢字漢文研究会で「唱えながら書く文字の教え方」の発表をしたころのことですが、清水えみ子先生とおっしゃる幼稚園の先生が『ちがうぼくととりかえて』（童心社）という御著書を出版され、その本に載ったある幼児のつぶやきの一場面です。子供同士の教え方と母親

の教え方との違いが、如実に表現されていると思いませんか。
「くるっとまわして、ぴんとやって、ちょん」と教えてくれたようちゃんと、お母さんとの違い、これは教え上手の先生と、教え方のこつを知らない先生の違いと同じように思えませんか。

文字の教え方に、通称を「下村式」といわれるものがあります。いわば「口書き取り方式」ともいうべき方法で、これによって、漢字・平仮名・カタカナ・数字の書き方を覚えさせようという、正式名を「口唱法」という方法です。本稿ではこの方法による平仮名の教え方を伝授しようというわけです。

ただ、この方法で平仮名46文字の書き方は学習できても、それによって日本語がきちんと書けるようになるわけではありません。これまで述べてきたように、日本語の書き方というのは、文字ばかりでなく、記号の使い方などまで含めて日本語の表記ですから、そこまでは本書では触れられません。

(6) 日本語の書き表し方の法則はこうなっている

むかし、こんなザレ歌がありました。「世の中は澄むと濁るの違いにて、ハゲに毛がなく、刷毛に毛があり」とか「福にトクあり、ふぐにはドクあり」。濁点がつくか、つかないかでこんなに言葉の意味が変わるといった例です。これが読みのおそろしいところです。「てんてん」といえどもおろそかにはできません。きちんと、正しい日本語の表記法を子供に学ばせなくてはなりません。

こんな話もありました。パソコンで「ドラッグする」(drag= ひっぱる・ひきずる)と「ドラッグ・ストアー」の「ドラッグ」(drug= 薬・麻薬)の違いですが、これもスペルの違いで意味が大いに異なるわけです。どちらも片仮名で書くとドラッグですが、いつの間にかドラックと濁らない言い方もするようになってきたようです。

漢字などでは同音の言葉が多いですから「きしゃがきしゃできしゃする」などという有名?な用例がありますが、これなども「記者が汽車で帰社する」と書けばはっきりとわかる例だといわれます。

平仮名書きの例をもう一つ二つ挙げたいと思いますが、次のこれなどはどうでしょうか。

「うらにわにはにわとりがにわにわにはわにがいました」

読んでみてください。どこで、どう切れば書き手の意図がきちんと伝わるのでしょうか。

「裏庭にはにわとりが二羽、庭にはわにがいた」

「にわとり」と「わに」がいたのですね。平仮名ばかりで書かれた幼児の作文は、ちょっとやそっとでは読み切れません。

このように、日本語には日本語表記の法則といったものがありますので、そうしたことをきちんと教えて初めて、文字の教え方が完成するわけです。平仮名はそのためのひとつの使い方だといわれます。平仮名が発明された当初は漢字と漢字（ワードとワード）をつなぐ役割をしたのが平仮名でした。「海と山」とか「裏庭には二羽の……」などの海とか山、あるいは裏山と二羽という言葉をつなぐ働きの「には」のように、言葉そのものを表すよりも、「つなぎ」として使うもののように言う人もいましたが、それはオーバーとしても、助詞の働きなどは確かにそうですから、この言い方も間違いとは言い切れません。

もうひとつ、子供の読み物で「一休さんのとんち話」にあるお話ですが、お殿様が一休さんをお城に呼び入れるとき、お堀の橋の入り口に「このはし、わたるべからず」という立て札を出しておいたところ、一休さんは堂々と橋の真ん中をわたってお城に入った――という話があります。一休さんは「橋の端を歩かずに、橋の真ん中を堂々と歩いてお城に入った」のです。平仮名で「はし」と書いた殿さまの負けです。一休さんは橋の端を通らずに橋の真ん中を通ったのですから。

これなども平仮名書きの怖さを表す格好の挿話ではないでしょうか。やはり、言葉は書くべき漢字を使って書かないと、こんな失敗が起こります。

そのために、初期段階では「平仮名」だけで、学年が上がったら「漢字に平仮名を混ぜて」という、いわゆる『平仮名先習論』は間違いだ、という説もあります。平仮名であろうとも、漢字であろうとも、初めて学習する人にとってはひっくるめて文字の学習であって、難易の差はないと思えるからです。

ならば、漢字で書くことばは初めから漢字で、平仮名で書くことばは初めから平仮名で教えたらどうかという意見も、「それは無茶だ」などとはいえないのではないでしょうか。そうした実験をしたことがありませんので、どうかという確かなことは言えませんが…。

ともかく、「平仮名先習方式」をとっている日本では、まず絵や実物を見せながら、「あ」ならば「あし・あたま・あり・あさがお」など、共通するものは「あ」だとして、「あ」の字の書き方を教えるといったような方式をとります。あるいは「あ」のつく単語探しをさせます。そうすると片仮名で書くべき単語（たとえば「アスピリン・アリナミン」など）でも、平気で「あ」と書いてしまいます。「アイロン」を「あいろん」と書かせる教え方がよいのでしょうか。

現行の国語表記の方法は平仮名で書くべき言葉、片仮名で書くべき言葉、漢字で書くべき言葉はそれぞれ、それらの文字で書くということになっています。送り仮名のつけ方にしろ、用語・用字例にしろ、公用文における漢字使用等の方法にしろ、片仮名・平仮名の使い方にしろ、公文書では統一しようという傾向があります。公教育でもその例にもれず、です。ならば、片仮名で書くべき言葉を平仮名で書いた子供を褒めるのは間違いだと思いませんか。

教えるということの考え方をこんなところまで広げると難しい問題が出てきます。しかし、大事なことです。こうしたことも考えないと、教えるということはできなくなるからです。教え方は単純なことではないということがわかります。文字の教え方は単に文字を書くことの技術的なものばかりではありません。

つまる音、跳ねる音、伸ばす音などの、それぞれの書き方も、例えば次のような決まりになっています。こうしたことも教えなければなりません。

○拗音(例)しゃかい(社会)　しゅくじ(祝辞)　かいじょ(解除)　りゃくが(略画)

○促音(例)はしって(走って)　かっき(活気)　がっこう(学校)　せっけん(石鹸)

○長音　(ア列)……ア列の仮名に「あ」を添える。(例)おかあさん　おばあさん

(イ列)……イ列の仮名に「い」を添える(例)にいさん　おじいさん

(ウ列)……ウ列の仮名に「う」を添える(例)くうき　ふうふ

きゅうり　ぼくじゅう　ふうとう　ちゅうもん

(エ列)……エ列の仮名に「え」を添える(例)ねえさん　ええ(応答の語)

(オ列)……オ列の仮名に「う」を添える(例)おとうさん　かおうよ

あそぼうね　おはよう　よいでしょう　はっぴょう　きょう
ちょうちょう

第二章

書き順の教え方を見直してみよう

（1）従来の書き順の示し方は五つ

今度は文字の書き方練習、「書き順」練習について考えてみましょう。およそ、明治以来の日本の学校での書き順の教え方には五つの方法があるようです。あなたもこの中のどれかの方法で教わったのだと思います。そしてわが子にもそれと同じように、これらの中のどれかの方法を使って、教えてきたのではないでしょうか。あるいは、教えようとしているのではないでしょうか。

その五つとは、分解法、構成法（組み立て法）、強調法、番号法（順番法）、彩色法（色別法）、といったような五種類の教え方です。この教え方の一つ一つにこうした呼び方がついていて、教育用語として認知されているわけではないのですが、その方法をわかりやすく区別するために、仮にわたしがこうした名称を付けてみました。

⑴分解法

文字を形作っている一点一画をバラバラにして、書き順に従って並べていって見せる方法です。

(2)構成法

分解法が文字の組み立て方を解体的に見せる方法なのに対して、これは一点一画順次組み立てていって見せる方法です。

(3)強調法

文字の全体像を淡く出して、書き順の順番に当たる部分を濃く示して、初めはここだよ、次はここだよと、書く場所を強調して見せる方法です。

(4)番号法

書いていく順番に当たる画に番号を付けて、順序を示します。数字法、順数法といってもよいかもしれません。

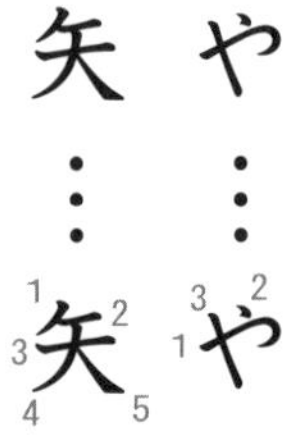

(5)彩色法

書き順を色別に示します。1画は赤、2画目は青…などと色を決めておいて、該当する部分を色分けによって書き順を示します。（ことに一年生などで多用しているようです。）

あなたも、これら五つのうちのどれかで教わったことでしょう。ときには「さあ、手をあげて～」などといわれて、人差し指を突き出しながら、イチ、ニイ、サン…などと空書きなどしながら練習したのではないでしょうか。

これらの方法には、いくつかの欠点があります。これらは書き順（書く順序）を示すための方法であって、即・書きの方法ではありません。また、これらの方法には、書き順を覚えるにも、四・五画くらいまでの字には応用できますが、画数がそれ以上になると煩雑で無理が生じます。平仮名、片仮名はほとんど四・五画くらいまでしかありませんから、何とかなるかもしれませんが、漢字になると、三画や四画で終わる字は学習漢字全体の８％くらいしかありません。最も多いのは十画、十一画くらいの画数の漢字です。全体で二十画という字もあります。「議・競・護」などがそうです。これらの字になると、番号をつけるといってもどこが何画目なのかさえ判然とはしません。ですから、こうなると色別でも番号付けでもごちゃごちゃになってしまって、わかりにくくなります。

しかし、明治以来、学校教育の中では、これらの方法しか考えられなかったのでしょう。日本全国、どこの学校でも、分解法で練習させたり、構成法で書かせたり、一年生には彩色法で色鉛筆を取り換えながら書かせたりしていました。一年生に二十色も三十色もの色鉛筆を持たせて、一筆一筆色鉛筆を取り換えさせながら書き順を教えるのですから、ばかげたことです。

発祥はある有名な国語教科書だということです。真面目くさって教科書に載っている方法だから——といって、こんな授業をする先生も先生です。教科書がそうなっているからといって、子供にまで書き順ごとに色を替えて書かせる授業をするとは、どういうことでしょう。

これらの方法はノートに書かせて練習させる方法ではありません。書き順を目で見させて書いていく点画の順番を覚えさせるものなのです。いわば意識化のためのものです。なのに、こうした頓珍漢なことをしていたのです。

これなどは一例ですが、日本の学校教育の中で、百年もの間、書き順を教える方法として他によい方法が考え付かなかったからでしょう。あるいは、だれも考えようなどとはしなかったのではないでしょうか。

(2) 口唱法を使う子供たち

先にあげた幼児の話（28ページ）を再掲させていただきます。

ようちゃんは「む」っていう字を
ちょっと曲げて　くるっとまわして　ピンとやって　ちょんって
教えてくれたから　もうわかっちゃったけど、
おかあさんはさ、手を持って書いてくれて、
こうやって　こうやるのって　いうだけなんだもん
すぐ　わかんなくなっちゃうんだよ。

実は、この「ぴんとやって　ちょん」すなわち、平仮名の「む」を「よこぼうで

たてぼうまるめて　ぴんとやって　ちょん」と、歌うように唱えながら書くのが「口唱法」という、口で唱えながら書く方法なのです。

片仮名の「シ」と「ツ」は大人でもきちんと書き分けることのできない人が多いようですが、これなどは次のように唱えて、書き分けさせます。

「シ」…上から　てん、てん　持ち上げ　ぴゅう
「ツ」…横にてん　てん　斜めに　ぴゅう

どうですか。「む」「シ」「ツ」、この三字の唱え方、もうあなたは覚えてしまったのではないでしょうか。「正しい書き順を覚える」というのは、いわば「書き順の決まりの記憶」です。この三つの字を「もう、覚えてしまった」というのは、この「記憶力」が芽生えてきた証拠なのです。

書き順の唱え方が際立っていて、面白いものであるならば、記憶を助けるという目的に必ずかなうのです。だからこそ、従来の文字の教え方で効果が上がらなかった子供たちが、「口唱法」によって、生き生きと主体的に学習に取り組むようになるのです。

文字は人が書くのを見ていただけでは、覚えられません。自分の手を使って実際

に書いてみなければなりません。しかし、ただ書くだけなら今までもやっていました。口唱法はこの「書く」という行動の中に「唱える」という要素が入っています。口で唱えるためには意識の集中が必要になります。この意識を「行動する」という活動に変えて表出させるところに、子供が大きく変わる秘密があるのです。口唱法は子供に興味・関心・意欲を持たせることができ、さらには忘却・強化などという心理的原理が応用された方法なのです。

文字に強い子に育てるには、一度学習した後も「繰り返し、繰り返し」の学習が必要です。こうして「強化」を図ることを心理学では「過剰学習」とか「強化学習」などと呼んで、記憶を確かにする方法のひとつだと認めています。

(3)「口唱法」は書かせるのが主ではない

「口唱法」は、読んで字の如しで、書かせるのではなく口で唱えるのです。

「てんを　かき　おおきくしりふり　ちょおん　ちょん」…これは「**ふ**」の字です。

「**の**」でしたら「ななめでもちあげ　まわして　ぴゅう」、こんなふうに口で唱えるのです。

その際に、それぞれの字の唱え方を考えさせますが、これがひと工夫。そのためには頭の中で何度も書き順通りに唱えてみたり、書いてみるのです。そうして唱えてみたうえで「ふ」の字の字形（概形）は三角形だなあと思います。△（三角）の形で下が少し右上がりに揃うと、かっこいい字になるようだね、などと話し合います。

「の」でしたら、時計の1時あたりのところから、中心をとおって7時まで斜めに引っ張り、7時から9時まで持ち上げて、そのあと一気に円周に沿って5時まで持っていく、その際、5時に筆がきたとき「ぴゅう」と気持ちよく、筆を払うようにさせます。この「ぴゅう」が上手に書けないと、いい字に見えません。「ぴゅう」の良し悪しが「の」の字の字形を決めるのです。こんなことを理解させるのは先生の役目です。そこで、タンバリンやカスタネットや手拍子で調子をとってやります。

「ふ」でしたら「てんをかき　おおきくしりふり　ちょおん　ちょん」と唱えます。そして、「てんをかき……」、ここで一拍置きます。次に「おおきくしりふり　ちょおん　ちょん」と、一気に持っていきます。子供たちには手拍子を打たせます。立ちあがって飛びはねる子も出てきます。楽しいものです。ことに黒板には「ふ」や「の」

などの当該字を大きく掲出しておいて、常にその字を見ながら唱えさせます。唱えながら字形を観察させ、覚えさせるのです。

漢字の場合には少し条件が増えます。子供は平仮名よりも漢字の練習を好むようです。なぜならば、漢字は変化要素と字数が多いからだと思います。

3歳くらいで文字を読むというのは、今ではいずこでも普通になってきているようです。しかし、早くから文字を覚えたから、そして、覚えさせたからといって、将来その子供が普通の子供と比べて、成績が良いとか秀才になるとか、そんなこともないようです。惑わされないようにしたいものです。それよりも、やはりこの年代（生後~幼児期）には、この子たちがその時期にこそ身につけておかなければならない、子供としての「知性を伸ばす力」の素を身につけさせてやらなければならないことをつくづく感じます。知性の素地ともいうべき力をつけることこそが、今の流行語ではないですが「今でしょう」ということではないでしょうか。

文字が書けるようになる時期は少なくとも鉛筆が正しく持てるようになった時期、文字を「書く」時期は筆運びのための手首や腕などの運動が十分行われるようになり、筆記具をもって、強弱・屈曲など自由にできるようになった時期です。

余談ではありますが、私の友人（かつて、大阪で看板屋さんをしていました）、この方も今の小学生は鉛筆の持ち方ができていないというのです。だから、きちんとした字がきちんと書けないのだと嘆いています。そして現在の子供たちを憂い、盛んに正しい鉛筆の持ち方の運動をやっているということです。

鉛筆がきちんと持てるようになる、そうなるまでの間に、幼児には何を学ばせなければならないのでしょうか。それは字形を見る力であり、「い」と「こ」は文字要素が縦に細長い形と、横に細長い形という違いがあるといったことや、その違いがわかるようになる判断力、「ふ」と「み」と「ん」とは同じ三角形の概形を持つ字だといったような、とらえ方ができるようになっていることが必要なのです。図形の認知力は美しい文字を書くための認知力でもあるのです。

文字は読めずして書けるようにはなりません。読めるようになって初めて「書き」を学ぶべきものです。そうした力のついていない子供は書き順がでたらめであったり、文字のバランスがよくなかったり、書かせても「文字といえないような字」を書くものです。まともな「し」が書けない子供が「も」が書けるわけがないことはお判りだと思います。「の」の書けない子供が「め」や「ぬ」が書けないのと同じです。文字の読めない子供に「書き」を教えても、よい字は書けません。文字を書くには各種の知性が必要です。子供はそうした知性の集積によって文字を覚えるのです。文字学習には「読む⇩書く⇩使う」という経験の段階が必要です。

（4）平仮名の教え方を考えてみよう

次の①②③のどれがよいか、あなたは、「文字の学習」について、次のうちのどれがよいと考えているでしょうか。

①子供の成長に任せて

それぞれの子供に応じて、勝手に文字を覚えさせた方がよいという考え方。

②親が子供に応答しながら

4歳ころから子供たちは猛烈に文字に対して興味を持ち始めて、うるさく質問してくるから、母親がそれに受け応えしているうちに、子供たちはいつの間にか、「あいうえお46文字」を覚えてしまう、という考え方。

③園で教育的・積極的に

先生にお任せするから、幼稚園や保育園で、積極的に、教育的に教えてもらいたいという考え方。

あなたは、この①～③の考え方のどれにいちばん近いですか。

「子供は勝手に覚えるわよ」というのもありますし、「うるさいからどんどん教えちゃえ」というのもあり、「園の先生・お願いよ」というのもあるでしょうが、失礼ながら、③の「園の先生」が果たしてプロ教師のように教え方を身につけているでしょうか。一般の親と同程度ではないでしょうか。現在は①②③ともに仕方のないことではありますが、それでも私はこの三つの中ならば③の意見に賛成です。

幼稚園の先生や保育所の保母さん方には、なんとしても、先生として教え方の免許をとっていただきたいのです。幼児に対する文字の教え方にはそれほどの重要性があると思っているのです。と同時に、家庭でわが子だけを対象に教えるのと違って、グループや集団学習によって学ぶメリットも大事にしたいのです。本書の中でだんだんに明らかにしていくつもりです。

(5) 大人の頭を切り替えよう

今や90％以上の子が入学前に「平仮名なら読めるようになっている」という現実、これは無視できません。TVをはじめマスコミュニケーションの発達、現在の幼児の豊かな感受性、自発性、読めるようになりたい、書けるようになりたいという文字に対する積極的な関心や意欲などを摘み取るようなことがあってはなりません。

自ら学ぶ意欲を育てること、学ぶことの楽しさや成し遂げた時の喜び、成就感などというものは子供たちの生涯にわたる学習の基礎を培うことにもなるのですから、重視しなければならないことです。

では、わたしたち親はどうすればよいのでしょうか。

私に言えることの第一は、自分たちが幼稚園時代だったころの文字の覚え方と、自分たち親が入学してから教わった学校での教育の仕方とを混同しないことです。自分が学校で教わったやり方をその当時を思い出して同じように押し付けてやらせないことです。

第二には小学校に入学していない幼児への教え方は、文部科学省や厚生省がいう「幼児の生活全体を通して総合的に行う」という観点から教え方を考えていくことです。

この考え方に賛成です。幼児に対する環境の作り方、活動のさせ方、親を含めた周りの大人の援助の仕方、そうした工夫に配慮しましょう。

そうして第三には、子供に、自分のしたいこと、すべきことを判断させながらよりよい方向に向かっていけるようにしてやりましょう。周りの大人たち、ことに親たる者は骨身を惜しまず、そのために適切な援助をしてやらなければならないのです。それが「子育て」なのです。一歳や二歳で文字を覚えさせようなどと考えることは不要です。文字に対する興味の早い、遅いは子供によって違いがあるわけで、しかも、早い、遅いで、その人の将来にそれほど影響が及ぶというものでもないようです。そんなことだけで一喜一憂することはありません。

なぜ、こんなことを言うのか、**【その理由】**は簡単に言うと四つほどあります。もう一度繰り返して述べておきます。

①「あいうえお　かきくけこ…らりるれろ　わをん」の46字を覚え、それを組み合わせて「あり」とか「かき」とかと読むことは比較的に簡単に達成できることです。

②ところが「おとうさん」「おめでとう」「おはよう」などのような、発音どおりに書いてはいけない単語になると、幼児に納得いくように教えられません。

③助詞の「ワ・ヲ・エ」を発音とは違った「は・を・へ」と書くきまりなのだということも教えられません。

④字形の乱れや、特に「逆さ文字」の直し方が分かりません。

子供がこのように間違うということは、まさしく、日本語の法則、構造どおりに間違うということで、きわめて当然のことなのです。すなわち、日本語の表記の仕方には、つぎの3つがあるわけです。

（1）1音節1文字の段階。

「あいうえお」46文字が分かれば、それらを組み合わせて「あり」「かき」と単語を書くことのできる段階。

（2）1音節2文字（あるいは3文字）の段階。

「お茶」は、（お・ちゃ）のように、1音節を2文字で書き表す表記上の決まりを知らなければ、単語を読んだり、書いたりすることができない段階。

（3）「助詞」（は・へ・を）のような特殊な表記を学ぶ段階。

などといったこれらの段階を経た教え方というのは、親ばかりでなく、学校の先生も教え方が分からないようです。それは基本的には、従来の日本の国語教育が前記

(2)の（お茶・汽車）とか、(3)の「助詞」の事項などについて、「いかに教えたらよいか」という方法を持ち合わせていなかったからだといいました。問題は日本の国語を教える先生が科学的な正しい教育方法をいかに習得し、いかに教えるかにかかっているのです。

(6) でも、なぜ平仮名を先に教えるのか

そんなに難しい平仮名を、どうして、幼稚園や小学校の一年生で学習するのでしょうか。ましてや、総体的な「文字の教え方」という観点からみて、幼児に「平仮名」を第一番に教えるということが最上なこととは私は思いません。

とはいいますが、戦後になって新憲法及び法律文が漢字交じり片仮名文から漢字交じり平仮名文に変更になりました。それに応じて一般社会においても片仮名を用いる機会は極めて少なくなりました。そうしたことに伴って学校教育も片仮名先習から平仮名先習方式に変わりました。小学一年用の教科書でも平仮名、片仮名、漢字と3種の文字を学習させるのは児童に負担を強いることになる、そこで一応平仮

名に慣れたのち、第2学年から特殊な用例を中心にして片仮名を学習させることがよかろうということになったわけです。これが教育という観点からみて最上の文字の教え方の順序かどうかということとは別です。

一般の社会生活においても新聞・雑誌など刊行物や子供のための絵本・雑誌なども、すべて平仮名が用いられるようになったので、平仮名から教えるようにすれば、子供たちの読書力を制限するようなことがないばかりでなく、こうすることによって、個人差に応じて高い程度の読書ができる子も出ることが可能だというわけです。

年少者であっても中には平仮名ばかりでなく、漢字が使われている書物を、平気で読む子供もいるわけですから、そうした子供はそれだけ程度の高い書物も読めるというわけです。一般社会のありように合わせたということなのです。いかにもお役所的な考え方です。

ただし、これは「読み」を前提にした考えです。「書き」は想定していません。たくさん読むうちに段々に慣れてきて知らず知らずのうちに書けるようになるだろうとでも思っているのでしょうか。「書き」は無視です。

ところで、我が国で現在行われている「国語表記の基準」というものはどうなっているのか、ご存知でしょうか。それは先ほども言いましたように「日本文は漢字・仮名交じりで書く、その際の仮名は平仮名とする」ということなのです。日本の文章というのは、平仮名だけで書いたり、また、中国のように漢字だけで書いたりするというのではないのです。漢字で書くべきところは漢字を使って正しい日本語で書くというのが日本文の書き方の決まりなのです。ならば、文字を見せる最初から日本文の正しい書き方の決まりに合致した文章（ということは、使うべきところは漢字を使って、漢字と平仮名で書くという文章）を見せたり、読ませたりしたほうがよいと思いませんか。それなのに、日本のお母さん方は、そうした考え方に反したやり方をしています。

お母さん方が書店で子どもの本を選ぶのを観察してみてください。どのお母さんも、幼児には「平仮名」だけで書かれた絵本を買い与えます。手に取って、ぺらぺらとめくってみて、その本に漢字が少しでも入っていようものなら、「うちの子にはまだ早いわ」とでもいうように、その本は書架に戻します。

出版社が漢字と平仮名の混じった絵本を作れば、その本は敬遠されてしまうのです。どういうことなのでしょうか。だれひとりとして、絵本の出版社に「子供たちのために、日本文の書き方の決まりに従った表記のしかたで、幼児用の本を作ってくれ」と注文を付けた人はいません。あたかも、「子供の本は平仮名だけで書かれていなくてはならない」とでも考えているみたいです。

子供は二歳かそこらになるころには、一人で絵本を見始めます。そして入学するまでの五年間も六年間も、平仮名ばかりの文字を見て育ちます。そうした読書生活を続けている子は、頭の中に平仮名文ばかりがインプットされてしまいます。

学校で漢字を少し教えても子供の頭の中にある文字は入学までの五年も六年もの間、毎日見て育ってきた、あの平仮名文で埋め尽くされている絵本です。さて、そうして育った子供が自分で作文を書こうとする段になったとき、鉛筆を握り、頭に浮かんでくる文字はなんでしょうか。それは五年も六年ものあいだ見続けた、幼児時代の平仮名書きの文字群です。漢字が使えない原因はそこにあったのではありませんか。やはり、「漢字で書くべき字は漢字で書いてある」という日本文の書き方の決まりに従って書かれた文章を見せて育てるべきだったのです。

読めない漢字には読み仮名（ルビ）をつけてくれてある本を見せればよかったのです。私が子供のころの本はそうでした。そうした教育をだれも推進しようとしてこなかったのです。文部科学省をはじめとして、親も出版社も、教育者もだれもそんなことは言わなかったのです。声を大にして言う人がいなかったのです。

思い出しました。今から四・五十年も前のことですが、絵本作家の加古さとしさんが『からすのパンやさん』『どろぼう学校』などの絵本を出版して大活躍だったころ、私は加古さんとそうしたことについて話し合ったことがありました。当時、加古さんはＮＨＫの夕方のＴＶ番組（だったと思いますが）で、「奥様ニュース」という番組を担当していました。私の考えを聞いてくれたあと「そうですよね、大事なことです。『奥様ニュース』でその話をしよう」といって、その日の夕方の番組で、すぐにこの問題を取り上げて放送してくれました。

しかし、いまだに日本の子供の本は平仮名のオンパレードです。それゆえ、学校で書く子供の作文は平仮名ばかりで、習った漢字も適切に使えません。先生方も嘆いています。その責任の一端は学校ばかりでなく、幼児時代を平仮名ばかりで書いてある絵本を与えて育てた母親にあります。

出版社の編集者に私の考えをいうと「あなたの考え方はよくわかるし一理ある。

でも、漢字なども混ぜて子供の本を作ったら、お母様方が買ってくれなくなるよ。そんな、買ってもらえない本を作る出版社なんていないよ」というのです。しかし、加古さんはその後、数冊、ある出版社からご自身で漢字交じりの幼児用絵本を出してくれました。『矢村のヤ助』などがそうです。

第三章

親ができる文字指導とはなんなのか

（1）文字を教えるのも子育てのうち

有名な話ですが、フランスの親は嫁入り前の娘に本人の一生の財産として「正しいフランス語を学ばせてからお嫁に出す」そうです。日本も、日本の伝統に従って美しい日本の言葉を伝える文字の教育に力を入れるべきですし、これも大切な子育ての要素のひとつだといってよいはずです。

「文字は小学校へ入ってから」とか、「学校でまだ習わない字は使わせない」などと本末転倒なことをまことしやかにいう人がいますが、しかし、入学前と限らず、文字を知りたがる子に文字を教えてはいけないのでしょうか。私は教えるべきだと思います。教育というのは教育をする側（いわゆる「おとな」）のものではなく、教育を必要とする側（子ども側）のためにあるものです。文字を覚えたがっている子に文字を教える、それだって立派な育児なのです。そうした子供の欲求にこたえてやらなくてはならないのは、わたしたち親なのです。子供の成長にこたえていくのが教育であり、子育てなのですから。

そのとき問題になるのは、先ほども書きましたが、「教えること」ではなくて、その「教え方」なのです。教え方の工夫が必要なのです。しかし、わたしたちは「教え方の工夫」すなわち、教え方の方法論を持っていないのです。

日本に住んでいる外国人を見ているとわかりますが、日本の言葉を使いこなす能力（話したり聞いたりすること）は、生活の場面に応じて、また、必要に迫られて使っていくうちに、自然に伸びるようです。しかし、書き言葉となると自然にというわけにはいきません。

言葉を文字や符号によって書き表すには、いろいろな約束ごとや規則があって、これをきちんと守らなければ相手に伝わらないし、誤解を招くことにもなりかねません。この約束・規則を先ほど重ねて書いておきましたが、これを日本語の「表記法」といいます。

日本語には複雑な規則がいろいろあります。文字を覚えるには、その複雑な表記法ばかりでなく、書き順（「書き順の決まり」）という大きな問題もクリアーしなければなりません。

(2) 幼稚園・保育所で文字を教えることについて

文部科学省や厚生労働省では、ひとり一人の子供の文字に対する興味や関心・感覚が養われるようにという願いで、教育要領や保育指針といったもので、先生や保母に対して「そのための適切な援助をしてやりなさい」といっています。

幼稚園の教育要領には、文字について、小学校のように一斉の教え方はしないが、「個々の子供の文字に対する興味や関心・感覚が無理なく養われるようにしてやりなさい」と書いてあります。

そして、厚生労働省の保育指針では、「2歳くらいになると個人差が大きくなるので個々の子供の発達状態をよく知り、楽しい雰囲気を作るなどして、興味を持ち、自ら遊びを楽しめるようにしてやりなさい」といいますし、「時には保母がやってみせるなど一緒に楽しんで遊べるように援助しなさい」といいます。

また「絵本を見ながら絵本の内容を動作や言葉で表したりすることも必要なことだ」とあります。大人の優しい語りかけなどが必要なことは言わずもがなです。幼児にとっては絵本や童話などに親しみ、伝えたり歌ったり、さまざまな表現をして楽しむのも、こうした時期です。

そればかりでなく、表現する意欲や創造性を育てるように配慮するのも園児時代の年齢の子供を持つ母親の務めでしょう。

覚えたことを想像して楽しむだけでなく、生活に必要な表示やマークや文字なども覚え、関心を持つようになるのが5歳児・6歳児のころだといわれます。童話などの内容に興味を持ち、さまざまに想像して楽しめるようになるころには、大人と同じように話ができるくらいになっています。こうなったときに大事なのが、特定の技能の習得に偏らないよう配慮してやることです。これが親の援助であり、こうして幼児の知性は磨かれていきます。

文部科学省は幼児教育と小学校教育のつながりを重視したカリキュラム編成の具体策をまとめ始めました。「小1プロブレム」の解消を考えてのことなのです。「小1プロブレム」というのは、小学校に入学したばかりの1年生が、(1)集団行動がとれない。(2)授業中に座っていられない。(3)先生の話を聞かないなど、学校生活になじめない状態が続くこと。こうしたことをいわゆる「小1プロブレム」といい、そ

第三章

うしたことの解消のためには幼・保・小が連携しなければならないことを痛感し始めたのです。今、そのための打開策、基本方針を考え始めています。

幼稚園や保育所と小学校のつながりについて、園児と小学校低学年の児童は、興味を示す対象、基本的な運動能力など心身発達の面で共通性が高いことは、どなたも感じている通りです。このような心身発達の上からみて、幼稚園と小学校低学年とは教育内容の構成の仕方や教え方の方法に大きな差異ができるということは問題があるので、その接続の在り方について検討する必要があるというわけです。

低学年の勉強の中身については、この時期の児童の心身の発達の状況や幼稚園教育との関連を図りながら、また、時期が学校教育の最も基礎的段階なのですから、国語、算数の基礎的能力の育成に重点を置くことになります。そして、各教科等の内容をそれぞれ別々にして教えるよりも、児童の具体的な活動を通じて、総合的に行うほうがより実態に合うので、その教科構造を検討すべきだという指摘がしばらく前からなされていたのです。

そうした勢いが強くなってきた今、文字に対する興味や関心・感覚などについても幼・小を一連のものとしてつなげて考えれば効果も大だという考え方になったわけです。

そういうわけで、文字や数についても百八十度転換して、入学前に「教えてはいけない」のではなく、「教えなさい」ということになったのです。しかし、教えるのにどんなシチュエーション（状況・状態・場面）を設定して教えるかということは問題です。

一般的に考えられる「あ」はこう、「い」はこう、という従来のやり方はアウトです。いかにも今までの文科省的な考え方です。そこには効果を得る違った考え方が必要になります。

「文字に対する興味や関心、感覚が無理なく養われるように」――これはどんなことを想定しているのでしょうか。例えば「母の日」の行事のとき、園で「お母さんにプレゼントを渡しましょう」などという活動を通して、お母さんの似顔絵を書かせたり、工作で色紙を切り取り、台紙に貼り付けてお手紙を添えたり…いろいろな活動の中で「おかあさん　ありがとう」などという一〇字程度プラス自分の名前を添えた手紙を書くなどという活動を組み込むでしょう。すると「おかあさんありがとう」という、この一〇文字の平仮名は教えなければならないことになります。文字に対する興味や関心・感覚が無理なく養われると考えるわけです。

しかし、この場合、幼稚園や保育所の先生は、幼児に「ありがとう」は「ありがとお」なのか「ありがとう」なのか、どうやって教えるのでしょうか。また、いつ教えればよいのでしょうか。平仮名の教え方とは言いますが、考えてみればそんなに簡単なものではありません。「いらっしゃい」と書くときの「しゃ、しゅ、しょ」とか「ちっちゃい」など「あいうえお」以外の書き方はどの段階でどう教えるのでしょうか。教員免許を持っているだけで「満足な平仮名の教え方」ができるというわけでもありません。それればかりか、教えるには全国の保育所の保母の皆さんにも教員免許を採ってもらわなければなりません。

(3) 読み書きの力を伸ばす援助の仕方とは

私がこの場で、ことに強調して言いたいのは「書きの教え方の前に、聞き・話す学習を十分にさせてやる」ということです。物をよく覚えたり、知識を得たりする

第三章

ためには、「ことば」をよく知ることが大切です。言葉が豊かになれば「物の見方・考え方」も身についてきます。言葉は知識を広げ、知識は知恵を広げることにつながります。

では、言葉を豊かにするにはどうしたらよいでしょうか。それには「文字」を知ることです。文字を知ることによって、言葉を覚えることができます。しかし、文字を知るには、聞く・話すという「話しことば」の力が十分であることが大事です。「聞く・話す」ことが十分できるようになると、これが将来の書き言葉、いわゆる文字言語に習熟する要件として欠かせないものになりますから、それが基礎になります。

ですから、幼児の「読み書き同時学習」は間違いであり、「読み」ができるようになってから「書き」の教え方に入るのが順当だというのです。

学校での教え方は「読み書き同時学習」の方法をとっていますが、これは、幼児、ことに3歳から5歳の子に当てはまることではありません。

読みと書き……これを乳児の食事に例えれば『授乳』と『離乳』の関係に似ています。母親は離乳の時期がくると、普通の食事に切り替えるのに一年近くかけて徐々に慣れさせていくではありませんか。あの姿、あれこそが本来持って生まれた育児の姿なのです。

まず、母親は生まれたばかりの赤ちゃんに『授乳』を行います。幼児の文字の教え方で言えば「読むこと」に当たります。赤ちゃんは、授乳によってお母さんから離れた一個の個体として、自分の体の中への養分の送り方や、おなかの中での消化の仕方などをマスターしていきます。そして、自分の体の中に養分を取り入れることを学習しながら、赤ちゃん自身の体力を作ります。幼児にまずは読み聞かせが大事な理由もそのためです。

授乳の時期に母親のすることは「母乳を与える」ことだけではありません。お母さんは、「母乳」から「味の違った粉ミルク」や「牛乳」へというように段階を追って、あせらずに乳児を徐々に慣らしていきます。そうしながら、だんだんに、だんだんにと、焦らずに「普通食」への切り替えをしていきます。

この段階が「離乳」すなわち「書くこと」への切り替えに当たります。ですから、この時期にはたくさんの語りかけが必要になります。語りかけはいろいろな種類の食べ物を与え、栄養を偏りなく取らせるのと同じです。この「離乳」も「重湯のような流動食」から「三分粥・五分粥」、「やわらかく細かくしたもの」というように固形食への段階を踏んでいきます。それと同じように、幼児にも母親だけでなく、いろいろな人にたくさんの語りかけをしてもらうのもよい方法です。

幼児にとっての、読み書き同時学習は、授乳時代を経ないで、いきなり「離乳食」を与えることと同じです。そんなことをしたら、子供は消化不良を起こしてばかりいるようになるでしょう。

十分な授乳時代を過ごした子供、すなわち、いろいろな文（章）の「読みが十分にできるようになった子供」は字形の認知（見極め）が深まり、「書き」の学習という「離乳」の段階が始まった時、その練習が楽になります。

文字が読めるようになり、言葉の意味も分かり、しかも、文字を読む機会が増えるにつれて、字形をしっかりと見分ける力（観察力）がついてきます。そうなると、その字を形作っている点画についての認識ができるようになります。

そうなったときが、「書き」の練習に入らせるときです。繰り返しますが、文字を書く練習をさせるには「読み書き同時学習」はよい方法ではありません。

○「読み」とは……書かれている内容を「理解すること」

○「書き」とは……自分の表現したいことを的確に「表現すること」です。

表現活動は理解活動の上に成り立つものです。十分理解しないうちに、表現しようという意欲がわくはずはないのです。

ですから、子供には「書かせること」をあせらないで、「書かせること」のその前に「聞く」「話す」「読む」という活動をたくさんさせることが大事です。もう一度言いますが、幼児にとって学校での教え方のような、あなたが子供のころ学校で教わってきた「読み・書き・同時学習」は間違った学習方法なのです。

その子が「なんて読むの？」「どう書くの？」と聞き始めたら、その時が文字に対する興味や関心が芽吹き始めた時であり、先生たちがよく言う、「文字に対する発達の課題を持ち始めた時」なのです。その子が本来持っているところの、知的な面が発達してきたということなのです。そのときにこそ、優しく、的確に教えてやるべきなのです。

そのときが、文字の世界へ誘（いざな）うときなのです。そういうときにこそ、大人は、子供の興味や欲求を満足させてやるように適切な援助をしてやらなければならないのです。それが、子供の「心身の発達を助長する」子育ての仕方なのです。

子供が読み書きに興味を持ち始めたら、もっともっと、文字に対する興味を広げてやるのが良いでしょう。文字には『こんな素晴らしい世界があるのだ』ということを教えてあげるのが良いと思います。それこそが、親や先生の子供に対する支援の仕方ではないでしょうか。幸い、今は恵まれすぎるほど興味や関心を引く、子供用の図書や玩具など学習用具があります。「やりたいときが習うとき」といいます。「興味や関心を持った時が習うとき」なのです。

子供が意欲を起こした時を逃してはなりません。何歳になったら、などというのではないのです。その子の育ち方、環境に応じて、発達に応じて、なのです。

一般的には3歳ごろからぼつぼつやる気の芽を出し始め、4・5歳ごろになると、何かを求める行動が活発になるといわれています。そして、「やってみたらママに褒められた」という経験を持ち、その成功感がやる気に拍車をかけるのです。ですから、遊びの中で、見たり、読んだり、書いたりする機会を　たくさん作ってやるのが良いのです。そうして、たくさん褒めてあげてください。

例えば、

書きの場面でならば

○お風呂で……湯気で文字書き
○おはじきを並べて
○カルタ取り

読みの場面でならば

○歩いていて目につく看板の文字当て
○お菓子の袋を読む
○テレビの画面・野球や相撲など

意図的に教えるのならば……

大きく ゆっくりと しっかりした字を
①なるべく機会を多くする ②一回の練習時間を長くしない ③練習の方法に変化をつける ④むやみに量を多くしない ⑤ほめながら楽しく

なぜ、こんなことをいうかというと、わたしたちの調査で入学前に「家で親が文字を教えた」という家庭は約四分の一（24％）ありました。

そして、「どうやって教えたか」を探ってみると、次のようなことがわかりました。

○書いて見せて覚えさせた……41％
○絵本や文字の本を見せて……36％
○積み木・カルタなどで　……20％

かなり意図的に教えている親は多いものです。そこで一言付け加えたいわけです。「どうせ見せるならば、字形の正しいものを！」ということを。

(4) 口唱法にいざなうそのヒント

口唱法によって覚えたという子供と親たちの聞き取り報告です。

第一例　なぞなぞ遊びで、得意になって　けいすけくん（五歳・長男・姉一人）

——けいすけくんは、どうやって平仮名を覚えたの？

「ぼくね、なぞなぞで覚えたんだよ。はじめ　お母さんが問題、出してくれたの」

――そのなぞなぞで、けいすけくんが一番好きなの、教えてくれる？

「うん、ぼくね、『よこぼうで　たてぼうまるめて　ぴんとやって　ちょん』がすきなの。だってね、これ　わからない人　いっぱいいるんだよ」

――それ、なんていう字なの？

「なあんだ。おとなでも　わかんないの？　『む』だよ」

――よこぼうで、たてぼうまるめて…そうか、そうか、なるほど『む』だね。ところで、お母さんにお聞きします。どうしてこういう方法で教えようと思われたんですか？

「実は、上の子が……、この子の姉ですが、今小学校二年生なんです。担任の先生から奨められて『漢字の本』という本で漢字を勉強してたんです。それがとってもユニークなやり方で、新しい漢字を習って帰ってくると、私に書き順の問題を出すんですよ。例えば「〈ノ一の　たてで　よこ二本〉はなあんだ」（生）とか「〈くムと続けて　たて　ちょんちょん〉って、知ってる？」（糸）といったように、上の子が私に言うのを聞いていて、ぼくもやりたいって言い出したんです。それが五歳の誕生日近くでしたので、これはいいやと思って「唱えて覚える　平仮名あいうえお」という、モグラのお話の平仮名の絵本を買ってあげたんです。始めは何回も何回も、それを暗記してしまうくらい読んでいました。それから、〈けいすけ〉の（け）を〈たてぼう　しゅっ　よこぼうひいたら　たてぼうぴゅう〉っていいながら書くようになったんですね」

――そうすると、自然に、無理なく「書き」の練習ができるようになっていったんですね」

「そうです。〈い〉は〈ななめに　しゅっ　おむかい　とん〉といった感じで、二人で結構楽しく覚えていきましたね」

――なぞなぞは、そうすると、全部の「書き」を覚えてからやったのですか？

「いいえ、一つ覚えると　それをお姉ちゃんやお父さんに〈問題だよ〉といってだしていたようでした。そして相手が〈なんだろう〉って、とぼけてわからないふりをしてやると、得意になって〈もう、降参なの？　じゃあ　教えてあげるね〉っていって、手のひらやテーブルに書いて見せたりしていました」

――その口唱法っていうやり方で、よかったところは　どんなところでしたか？

「はい、もう、子供も親も楽しみながらできるってところでしょうか。手をたたきながら調子を取って歌いますので、楽しいですよ。この子は、今は片仮名も覚えていますし、漢字にも興味を持っていますし、もう心配ありません」

――心理学では〈勉強は他人の頭を使ってしろ〉って言いますから、けいすけ君のようにだれかに問題を出して、自分が「いいかい」なんて言いながら書いて見せるっていうのは、なかなか理にかなったいい勉強方法なんですね。人に教えることによって自分の反復練習にもなりますしね、なんといっても遊び感覚がいいですね。

第二例　カルタ遊びで一挙両得　そのみちゃん（五歳・長女・一人っ子）

――そのみちゃんは、どうやって平仮名、おぼえたの？

「お母さんが作ってくれたカルタ。絵はね、私が画いたの」

――そう、そのかるたで、そのみちゃんがいちばん好きなのは、なあに？

「のりまきの『の』、わたし、のりまきがすきなの」

――『の』の言い方、教えて?!

「あのね、〈ななめで　もちあげ　まわして　ぴゅう〉っていうの」

――お母さんにお聞きします。どうして、こういった方法で教えられたんですか?

「はいッ、一人っ子ですから、いろいろ親が期待をかけてしまっているんですが、そのみが三歳の時に絵本の文字に興味を持ち始めたんですね。私も、もともと絵本が好きなんでそのみを連れて本屋さんによくいってたんです。そうして時々時間をかけてよさそうな本を探しているんですけど、たまたま、この『唱えて覚える　平仮名あいうえお』を見つけたんです。この本はほかの絵本と違って一冊で物語と書き方の両方が覚えられるようになっているんですよね。これなら、夜寝る前に読み聞かせをしながら、文字が覚えさせられるな、っていう直感があったんです。ですから、初めはお話の部分の読み聞かせをして、ストーリーと絵の楽しさから入っていきました」

――それでカルタを作られたのは、どうしてですか?

「はい、本のままでもよかったんですけど、しっかりした本で、表紙が固く、この子には扱いにくかったんです。それに子供があっちのページ、こっちのページとめくっているのを見て、これならカードにしたらどうかなと思ったんです。ちょうどお正月近くでスーパーで売っているカルタを思い出したものですから、〈あれでいこう〉と思ったわけです」

――どんなカルタですか、教えてください。

「カルタって言っても大したものじゃないんです。廃物利用です。実家が八百屋だものですから段ボールをもらってきて、それを十センチの十五センチ、はがきの大きさぐらいに切って台紙にしました。四十六枚の二倍、つまり九十二枚ですから切るのが大変でした。あとは初めの四十六枚の表の右上に円を書いて、一枚一枚、あ、い、う、と文字を書きました。そして朝顔とか、犬とかの絵を描くのです。ほかの絵本の絵を見ながら、絵を描きました。

そのみと二人で『あ』のつくもの、『い』のつくものと考えながら、何にしようかなどと相談して…。

あとの四十六枚は読み札ですが、取り札と違って裏には円を書いて、そのなかにあいうえお、そして表に『よこぼう　しゅっ　むかいに　とん』などと口唱法をサインペンで書きました。そのカルタはわたしたち親子で作った最初の手作りの記念です」

——そのカルタを、どのように使ったのですか？

「はい、ごく普通のカルタ遊びと同じです。でも、初めは少しずつと思って、テーブルの上には今日は〈あ行〉だけ、次の日には〈か行〉だけというように並べました。そして、わたしが口唱法のカードを持って読みあげて、子供に文字と絵のカードを取らせました。カードはだいぶ慣れてから増やしていきました」

——反対にしてもできますね。

「そうなんです。そのうちに、口唱法のほうの読み札を取り札にして、あひるの『あ』とか、朝顔の『あ』といったら『よこぼうかいたら　たてそって　ななめでもちあげ　まわして　ぴゅう』というのを取るというやり方もできるんです。これも結構いけましたね」

——ずいぶん苦労して作ったり、使い方も工夫したようですが、他に何かありましたか？

「ええ、取り札は口唱法の読み札と同じように、表には『あ』とか『い』とかの字だけ、裏には絵だけというようにしておけばよかったと思いました。そうすれば、絵のほうを表にしても、字のほうを表にしても取れますから…。

後で思ったのですが、絵はいろいろなものを切りぬいて、それを貼ってもよかったなあと思いました。

このカルタではずいぶん遊びましたよ。そう、文字を覚えるというよりも、カルタ遊びでした。親としては、子供が覚えやすいようにとねらったわけですけど、楽しい遊び道具にもなり、一挙両得というのはこのことだなと、つくづく思いましたね。いいものを作ったものだと感心しています」

――カルタの場合には、親子で一緒に手作りができるというところが、とてもいいですね。でも、完全に一字一字が読めるようになっていないと、カルタ遊びができないという欠点もあります。しかし、そのみちゃん親子のように、取り札の表が絵、裏が親字（『あ』とか『い』とか）で、もうひとつの読み札の表が唱え方、裏が親字と絵というカードを作ると読み札だけでの活用もできますね、一人で覚えるときに…。絵の単語を覚えるときに表を単語、裏に日本語を書いて暗記したでしょう。単語カード――あの方法が一人で覚えるときに応用できます。

例えば『つ』ならば、カードの表はおおきく『つ』、裏は『ゆっくりと　よこぼうもちあげ　まわして　ぴゅう』でしょう。子供はカードの表『つ』を見て『つ』の唱え方を言ってみる、そしてその言い方が良かったかどうかを確かめるという使い方です。これだけ高度な使い方ができるようになれば、お姉さんやお兄さんのいるところでは兄姉と対等にみんなで遊べますね。

第三例　いつでも、どこでも、歌いながら　さとこちゃん（六歳・長女・弟一人）

――さとこちゃんは、どうやって、平仮名覚えたの？

「お母さんと、歌いながら覚えたの」

――いつも歌ってたそうですけど、どんなところで歌ってたの？

「おふろとか、おばあちゃんちとか、公園とか…」

（お母さん）ところ構わず、どこでも歌ってましたよ。うるさいくらいに…」

――どうしてそうなったのか、詳しく教えてください。

「この子は文字に興味を持つのが、よそのお子さんよりも遅かったんですね。一歳から保育園に行ってたんですけど、その保育園は泥んこ保育といって、はだしで育てる保育園で、屋外で泥んこになって遊ぶことを推奨していたんです。うちの子にはぴったりだったらしく、じっとして本を眺めたりしていられないんです。私も仕事を持っているので、忙しくてあまり絵本の読み聞かせなんかしてやれなかったせいもあるのでしょうけど…

それが、五歳と八カ月のころ弟が生まれて、やきもちを焼き始めたので、なるべく一緒に添い寝をしてやるようにしたんです。そんなとき、職場のお友達から絵本のお古をもらって、その中に口唱法の絵本があったんですね。それを読み聞かせていたんですが、どういうわけか気に入ったらしくて『モグラが　さんぽに　いきました。のはらへ　さんぽに　いきました。つちほり　あなほり　えっさかほい』って、調子よくやってたんです。そうして『あいうえお』の書き順の唱え方を暗記しちゃうんですよね。勝手に節をつけて歌っているんですよ。歌はもともと好きな子で、よく体を振り振り、歌っている子でしたが、こんなに興味を持つとは思ってもみませんでした。ですから、文字にというより、この歌が気に入ったんだと思うんですけど…」

――お母さんが教えたわけじゃあ、ないんですか？

「ええ、本当に無責任な親で恥ずかしいんですけど、子供が歌っているのに気づいて、それは〈あ〉の歌かな？って、こちらが反応し始めたんです。そしたら、さとこが〈ママ，当たりぃ〉って。（笑い）

保育園に迎えに行った帰り道とか、わたしが御飯の支度をしているときとか、お風呂に入ったときとか、歌い始めたらのべつ幕なし、ほんとにうるさいくらい、いつでも、どこでも歌ってましたよ。トイレの中でも大きな声を出しながら…」

――平仮名は四十何字もあるわけですから、そりゃあ、大変ですよね。

「おばあちゃんの家にいくときもバスの中でグチュグチュ、グチュグチュ一人で歌っていて、あるときなんか隣に座ったおじいちゃんから〈その歌はなんていう歌なの？〉なんて聞かれてました」

――ハハハハハ。それで　どう答えたんですか。

「『あいうえおのうた』なんですって、一つの字ごとに区切りはあるんですけど、全部つなげてうたっちゃうんですね。『あ』から『ん』まで」

――実際に鉛筆を持って書き始めたのは、いつごろからでした？

「そうですね、歌い始めてひと月もしないうちに書いていたと思います」

――それも自分から?自主的に…

「ハハハ…、いつもあとから親がついていってるんですよ」

――歌のように、きちんと上手に書けましたか?

「ええ、はじめは絵本を見ながら書いてましたね。『たてのしりふり　たまごがた』とか、『ふ』という字の『てんをかき　おおきく　しりふり　ちょおん　ちょん』なんかは形が取りにくいんで、こちらも書いて教えましたけど…

それから、お風呂の中でもよくやりました。湯気でちょうど鏡や戸のガラスが曇るんですよね。そこでおもしろがって二人で書いたりしましたねえ」

――では、さとこちゃんの場合は、文字を教えるのにあまり苦労はなかった?

「そうですね、やかましかったことを除けば…ですね。どうせ、今だっていろいろな歌をうたっているんですから、うるさいのは同じですよ。

よそのお子さんよりスタートが遅かったですけれど、覚え始めたら、とたんでしたから…。この〈口で唱えながら…〉っていうのは、本当にいつでもどこでも覚えられてよかったです」

第三章

小学校一年生の教室ですが、平仮名の教え方に口唱法を用いているところがありました。

このクラスの子供たちは、毎日毎日〈モグラのお話〉を読んでいて、全文をソラで言えるのです。さとこちゃんもこの一年生と同じです。そのくらいに読みこんでから「書き」の学習に入るのが理想です。そうすると授業がスムーズにいくのです。

このクラスくらいたっぷりと時間を取って、暗誦してしまうほどに覚えさせると効果大です。唱えながらそれぞれの字形が頭に浮かぶところまで覚えてから「書き」に入らせるのが本当です。

これらはほんの二・三例ですが、こうした実践はまだまだたくさんあるのです。例えば、すなばあそびであいうえおを覚えてしまった守君（六歳）とか、自分勝手に一人で平仮名を覚え、書き順の間違いを唱えて直した康子ちゃん（六歳）とか、口唱法で平仮名を覚えたおかげで習字が好きになってしまって近所の書道教室に通い始めたという男の子とか、いろいろです。

人間というのは、口で唱えたとおりに手が動くという習性がありますから、書き順を間違って覚えてしまった子供は唱えることによって、自分の間違いに気付きます。小学校の先生方が実証済みの口唱法ですから間違いなしです。

他には友達同士でなぞなぞのように、「よこいって　しゅっ　すくって　とん」は、なあんだ（『い』）とか、「したにおりたら　まがって　ぴゅう　そしてあとから　よこにほん」は　なあんだ（『も』）などと問題の出し合いっこをして遊んでいる子供などもありました。これなどは机に向かわなくても遊びとして覚えられる方法ですから、幼稚園児などには有効な方法です。これは小学生では漢字のなぞなぞとしてはやっています。例えばこんなやり方です。

「〈一の大〉は　なあんだ？」

「天」

「じゃあ、〈二人〉って書いたら　なあんだ？」

「それも〈天〉」

「残念でした。〈夫〉だよ」

こんな調子です。

勉強というのは本来孤独な作業だといわれています。特に文字の練習などというものは、単純で、しかも繰り返すことによって覚える勉強ですから、子供にとって

第三章

は一番嫌で、面白くない勉強になりがちです。
　この方法は友達と遊んでいるつもりでいますが、口で唱え、その文字を頭の中でイメージ化させなければなりません。いつの間にか文字を覚える勉強をしてしまっているのです。
「たてぼうおろして　まがって　ぴゅう　そしてあとから　よこにほん」は、なあんだ？……〈も〉
「ななめにのぼって　ななめにおりる」は、なあんだ？……〈へ〉
「たてぼう　しゅっ　むかいあわせて　もひとつ　ぴゅう」は、なあんだ？……〈り〉
　このように、これから平仮名を覚えようという子にも、すでにいくつか知っている子にも、この方法なら楽しい遊び感覚で覚えさせたり、定着を図ったりできます。親子で楽しむのでしたら、お母さんが子供の唱える書き順を適当に節をつけて歌ってやるのもいいでしょう。
　そのみちゃん親子は読み札と取り札を用意して、カルタ取りの形式で遊んでいました。沖縄のある幼稚園でも、お部屋の後ろで丸くなってグループでやっていました。その姿は生き生きしたものでした。見守る先生方の顔も素晴らしいものでした。

印象深く残りました。

(5) 子供の頭の中で何が起きているのか

口唱法のなぞなぞ遊びをするとき、子供たちの頭の中ではどんな作用が起こっているのでしょうか。その思考過程を考えてみましょう。

まず、出題者側です。

1 なに　出そうかな?

2 そうだ。〈たてのしりふり〉が　おもしろいかな」

3 よし、〈たてのしりふり〉にしよう。〈たてのしりふり〉の字には　なにがあるだろう。

4 ええと……〈よ〉があるねえ、〈ま〉もあるよ、それから〈は・ほ・ふ・〉それに〈な〉もあるなあ。いやあ、いろいろあるもんだなあ?

5 なんにしようかなあ、まよっちゃうなあ。やっぱり、ぼくのすきな〈ほ〉にしよう。

6ええと、〈ほ〉のとなえかたは　なんだったかな？

7そうだ、そうだ。〈たてぼうはねて　よこ二本　たてのしりふり　たまごがた〉だ。

8よし、じゃあ　第一問だすよ。いいかい？

〈たてぼうはねて　よこ二本　たてのしりふり　たまごがた〉なあんだ？

およそ、こんな思考過程を経ることになるでしょう。

それに対して答える側は？

1よく問題を聞こう。〈たてぼうはねて　よこ二本？〉

2〈たてぼうはねて〉といったら、〈け〉だろう、〈に〉だろう、それから〈は・ほ〉……。

3〈たてぼうはねて〉の次は〈よこ二ほん〉か……。

4〈は〉と〈け〉はよこぼうがひとつだからちがうなあ。よこ二本――になるのは〈に〉と〈ほ〉だな。

5でも、〈たてのしりふり…〉っていうのは〈は〉と〈ほ〉しかないな。

6〈たてぼうはねて　よこ二本　たてのしりふり…〉だから…、

7そうか、〈に〉は三回で書く字だから、これで終わりだよね。だからちがうな。
するると、答えは〈ほ〉しかないな。
8でも、念のためにちゃんとやってみよう。
〈たてぼうはねて　よこ二本　たてのしりふり　たまごがた〉
9うん、そうだ。〈ほ〉だ、〈ほ〉でいいんだ。
10「わかったよ、……それは〈ほ〉でしょう。

問題を聞いてから答を出すまでの子供の頭の中はこんなにぐるぐる回っています。大変難しく、長い過程のように見えますが、これは文字で表したからであって、子供の実際の頭脳の中は、ものすごく速い速度で回転しています。これだけの過程を何分の一秒かで回っているのです。『頭の回転が速い』という言葉がありますが、こうした思考を瞬時に行える人のことを言う言葉です。

人間の頭脳というのはなんと素晴らしいものなのでしょう。訓練を重ねれば重ねるほど、頭の回転は速くなります。幼少のころから、脳に刺激を与えて訓練を積むことの必要性がわかります。

『「ほら、あれだよ、あれ」がなくなる本』（茂木健一郎・羽生善治著、徳間書店）には『脳の真ん中の中脳というところから「ドーパミン」という物質が出て、前頭葉に放出され、前頭葉を活性化させる』（22p）と書いてありました。ドーパミンはサプライズのときに出ることが分かっていてサプライズをたくさん経験させると脳が元気になるといいます。ドーパミンは前頭葉のために神さまが作ってくれた素晴らしい物質で、子供の脳が若々しいのはドーパミンがたくさん出ているからだといいます。（同書）

口唱法には、書くという行動の中に〈口で唱える〉という要素が入っています。口で唱えるためには意識の集中が必要です。その集中した意識が、「書く」という行動を導き出すその時に、子供の脳は活発になり、子供の文字への学習意欲は高められるのです。

練習すればするほど雑になり、やり方によってはいちばん機械的でマイナスにも

なりかねない今までの文字練習と違い、この口唱法は積極的に文字を習得させられるすぐれた学習法です。同じ文字を何度書いたにしても、一点一画に注意して書くというのは書写指導の基本でもあります。口で唱えながら書くという行動は一点一画に注意を生み出す具体的な方法です。そしてドーパミンをどんどん出させるコツでもあるのです。

特に幼児が文字を初めて習うときにはこのことは大事なことです。唱えるときには必ずその文字の字形を頭の中に思い描かなければなりません。ですから、書き順を大声で唱えるということは、記憶の中にある文字の字形を確かめながら、更にしっかり覚えこむことになります。こうしたことから、口唱法は忘却を防ぎ、字形の記憶を強化し、知的遊びの感覚で文字の勉強ができるという主体的・行動的な学習方法だといえます。

第三章

（6）知っておきたい平仮名の要素のいろいろ

「書きの練習」からみた平仮名の系統

（1）

し⇩も

☜ つ⇩や⇩ろ⇩る

☜ て⇩そ

（2）

い⇩ふ

☜ こ⇩や⇩に⇩さ⇩き⇩た⇩な

（3）

よ⇩ま

☜ は⇩ほ⇩け⇩り

(4)

の ☜ あ
の⇩め⇩ぬ⇩ね⇩わ⇩れ
あ⇩お

(5)

う ☜ ら
う⇩ち
ら⇩ゆ

(6)

く ☜ へ
と ☜ を
す ☜ む
ん ☜ え

(7)
単独文字

せみか

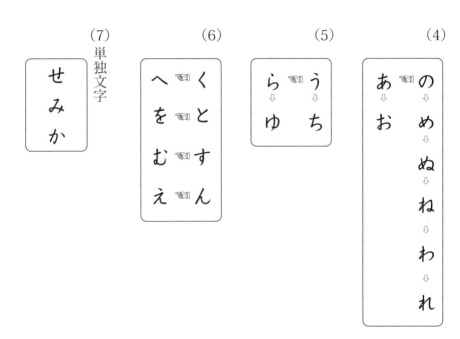

（7）平仮名の四つの始筆と文字別始筆数

文字の書き始め（始筆）は四種だけ

日本文を書くのに必要な文字は、平仮名、片仮名、漢字と、それに時に、ローマ字も使うことがありますから、この四種です。その中で最も普通に使う文字は平仮名と漢字です。これらの文字の書き始め、これを『始筆』といいます。文字が何文字あろうとも、日本文字の始筆は、たったの四種類しかありません。

（1）縦棒（｜）から始まる字
（2）横棒（一）から始まる字
（3）斜め棒（ノ）から始まる字
（4）てん（丶）から始まる字

不思議に思うようでしたら、あなたの名字でも友人の名前でも思い出すままに書いてみてください。この四種のうちのどれかから始まることがわかるでしょう。「本当だあ」と驚かれることでしょう。

それぞれの始筆に当たる平仮名・片仮名・漢字の文字例を表にしておきましょう。

	四種の始筆	平仮名の例	片仮名の例	漢字の例
1	たてぼう（｜）から	けしに	トリレ	上山口
2	よこぼう（一）から	あおさ	アエサ	下木春
3	ななめ（ノ）から	くぬの	イクケ	人生糸
4	てん（丶）から	うえふ	ウシツ	文字育

平仮名・片仮名・漢字の　文字別始筆数

現在、子供たちが主として使う文字の数は平仮名と片仮名とがそれぞれ四十六文字、小学校で習う漢字が一〇〇六字です。これらの文字をこの始筆の四つのタイプにわけると、それぞれの日本の文字は横棒から書き始めるものが多いことに気付きます。しかも、教育漢字一〇〇六字のうち三割強が横棒から書き始める字ですし、平仮名・片仮名でいうと総数各四十六文字のうち、二十四文字と二十二文字、どちらも、およそ半分が横棒から書き始める字です。
「ぼく、ひとりで書けるようになったんだよ」という子供に、平仮名を書いてもらうと、いろいろな誤りを犯していることがわかります。
特に間違いやすいのは「は」「ほ」「け」「に」「せ」「め」「も」「と」「よ」「ら」「う」「や」「ふ」「え」の十四字。
どう間違うかというと「一画目」の始筆部分を最後に書くという傾向があります。そして「せ」「や」は三画目の「たてまげ」や「ななめぼう」を第一画目の次に書く傾向があります。そればかりではありません。「てん」や「短い棒」のある字は書き間違いやすいようです。
ことに「てん」はでてくる場所が文字の中でいろいろですので、この「てん」が幼児にはどうもくせもののようなのです。
初めに「テン」が出てくる字……う・え・ら・ふ
途中で「テン」が出てくる字……な・や・ふ
最後に「テン」が出てくる字……お・む・か・ふ
わたしは子供に書き順を教えるとき、「たてぼうで…」とか「よこをかき…」などと唱えながら書くことを提唱していますが、文字を覚え始めた幼児に「たて」「よこ」をしっかりと理解させておいたうえで「たてぼうで」とか「よこを書き」などと唱えながら書かせることの有効性がお分かりだと思います。

経験上、第一筆目がどこから始まるのかさえ間違わなければ、画数の多い漢字でもそんなに突拍子もない書き順の間違いをすることはないからです。例えば最後に「テン」を書く『む』でいえば、〈たてぼうまるめて　ぴんとやって〉のとき、ふところは広くして、お団子一つ分開けるとか、「ひ」のおなかの袋の形はカンガルーのおなかだよ。卵を斜めに入れるんだよなどと、具体的に教えることによって、平仮名の形は整ってきます。いきなり書かせたのではこうはいきません。

もう一つ、大事なことが「終筆の処理の仕方」。それは「止め」「跳ね」「払い」などといわれるものですが、これが字をきれいに見せる重大な要素です。次の項で、そのことについて述べましょう。

第三章

(8) 平仮名を美しく書く六つのポイント

子供に文字を教えるとき、文字には「書き始め」というものがあり、「書き終わり」があるということ。そして「点画の方向」と「筆の流れ」を教えることが大事です。それとともに美しい文字を書くためには「文字を整える」、いわゆる「バランス」ということも大事です。

書写の教え方では「字配り」、すなわち均整のとれた美しく見せるための文字の大小や並べ方、文字の配置の仕方などについて、いろいろ言われます。しかし、それとともに大事なことに「字形」があります。それなのに字形の教え方はおろそかにされがちです。字形を整えるためには一字一字について、どこに余白を作るか、どこを広くするかなどというコツがあります。

例えば「む」や「ひ」の字を99ページで述べたように、あのようなことを教えることによって形が整ってきます。

そうした字形を整えるための要素の一つとして、次に述べる、文字を構成する一点一画の「終筆の処理の仕方」があります。これが「しっかりしたうまい字」を書くコツの一つなのです。この終筆の処理の仕方には筆遣いの上で「止め」「跳ね」「払い」の三つがあります。これを口唱法では次のように唱えることにしています。

ポイント❶「しゅっ」

い　…ななめで**しゅっ**　むかいに　とん

「しゅっ」は「跳ね」ることを表しています。「い」という字は第1画の終わりを跳ねることによって、2画目への流れを作ります。ですから、「ななめで」の次に「しゅっ」といって2画の書き初めの方向にむかって鉛筆を跳ねさせ、「むかいにとん」といっておさめさせます。これが美しい字を書くコツの一つです。

「い」が横型の字とすれば、「こ」は同じ手法を持った縦型の字だといえましょう。「こ」は「よこぼう　しゅっ　すくって　とん」と唱えます。

「しゅっ」を含む字には「い」のほかに「き・け・こ・さ・た・に・は・ほ・り」などがあります。

ポイント❷「ぴゅう」

し…ゆっくりと　たてぼうおろして　まがって　**ぴゅう**

「ぴゅう」は「払い」を表しています。『し』の場合、この字を子供になんの注意も与えず、だまって書かせると、「払い」の部分を「止め」てしまいます。それを防ぐのに「ぴゅう」と唱えさせます。

口で唱えることによって、曲げて持ち上げてから筆をスーッと払うようになります。『も』も同様です。『し』と同じように「ゆっくりと　たてぼうおろして　まがって　ぴゅう　そしてあとから　よこ2ほん」とよこぼうに続いていきます。

「あ」「お」などの字は、ぐるっと回す部分を書くとき、子どもは時計の文字盤でいうと二時か三時のあたりで止めてしまって、五時まで持っていけません。そういう子供には「ぴゅう」と言いながら払うコツを会得させるとうまくいきます。

「ぴゅう」を含む字には「し」のほかに「あ・う・お・け・す・ち・つ・の・み・め・も・や・ゆ・ら・り・ろ・わ」などがあります。

ポイント❸「とん」

こ　…よこぼう　しゅっ　すくって　**とん**

「とん」は「止め」ることを表しています。文字を書くとき、止めるべきところがきちんと止めてないと、だらしない字になります。『こ』の場合も同じです。2画目の終わりが「とん」ときちんと止められず、筆が流れてしまうと字形が崩れてしまいます。ですから、「トン」と唱えると同時に、そこで筆を止める意識を持たせることが大切です。これができると「に」はそれの応用ですし、「さ」や「き」などの字もきれいに書けます。

「とん」を含む字には「こ」のほかに「い・え・き・く・さ・せ・そ・た・て・と・な・に・ぬ・ね・ほ・ひ・へ・ま・み・よ・を」などがあります。

ポイント❹「ななめで　もちあげ」
の…ななめでもちあげ　まわして　ぴゅう

「ななめで　もちあげ…」は「の」の系統の字、すなわち「あ」や「め」などが持つ、斜め棒からぐるっと回す部分に入るところの筆の使い方、手首の返し方の要領を表したものです。子供の書いた字を見ると、この部分がただ大きく丸めて書いてあるために、字形が崩れる欠点が表れます。

ここでの要領は「ななめで」で時計の文字盤の12時か1時のあたりから中心を通って7時まで引き、そして、7時から8時あたりまで持ち上げさせて、そのあと「まわして　ぴゅう」で5時まで持っていかせることです。この8時まで持ち上げさせるコツが「もちあげ」です。

「ななめで　もちあげ」がしっかりできて「の」が上手に書けるようになると「あ」も「め」も上手に書けます。

「ななめで　もちあげ」を含む字には「の」のほかに「あ・お・(ぬ)・み・め」などがあります。

ポイント❺「たてのしりふり」

よ…よこにちょん　**たてのしりふり**　たまごがた

「たてのしりふり」は「よ」の系統の字が持つ、縦棒から続いて丸める部分〈むすび〉へ移行する前の書き方のコツを表したものです。案外、子供は「たまごがた」(むすび)が書けないものです。子供の書いたものを見ると、まん丸くなったり、丸が上にあがったり、終筆がながすぎて尻尾のようになったりして、なかなかうまくいきません。

この部分をうまく書かせるための工夫が必要です。そこで、ふでが「むすび」に入る前の縦棒の書き方、すなわち、これを右に少しゆすることが必要になります。このコツが「たてのしりふり」なのです。この基本になる字「よ」が上手に書けるようになると「ま」がすぐ書けますし「は」も「ほ」も楽に書けるようになります。「たてのしりふり」を含む字には「よ」のほかに「ま・は・ほ・(ぬ)・(ね)」などがあります。

ポイント❻「たまご・たまごがた」

ま …よこにほん　たてのしりふり　**たまごがた**

「たまごがた」は「よ」「ま」などが持つ「むすび」を書くコツを表したものです。平仮名の「むすび」には二つの形があります。一つは「よ・ま・は・ほ・ぬ・ね」などの字に表れる「たまごがた」ですし、もう一つはこれらほどたまごがたでない「す・な・む・る」などのむすびです。

本当はこれらの区別をつけるように書くのがよいのでしょうが、子供の場合は、そこまで要求することはできないでしょうから、一括して「たまご」または「たまごがた」と呼ぶことにしています。団子状にしないで、楕円にして終わりをしっかり止めさせる工夫です。「る」や「な」などは、この結びの部分が逆三角形になるのが良いようですが、こうした書き方ができるようになる前は「たまごがた」でいいと思います。字形を見ながら何度も書き慣れていくうちに、よい形が書けるようになるでしょう。こうしたところも観察力と書き慣れによって上達していきます。

「たまご・たまごがた」を含む字には「ま」のほかに「(す)な・ぬ・ね・は・ほ・

む・よ・る」などがあります。

このように基本になる要素をもとにして、教え方の系統が作ってあります。次の表です。

ひらがなの八要素とその呼び方

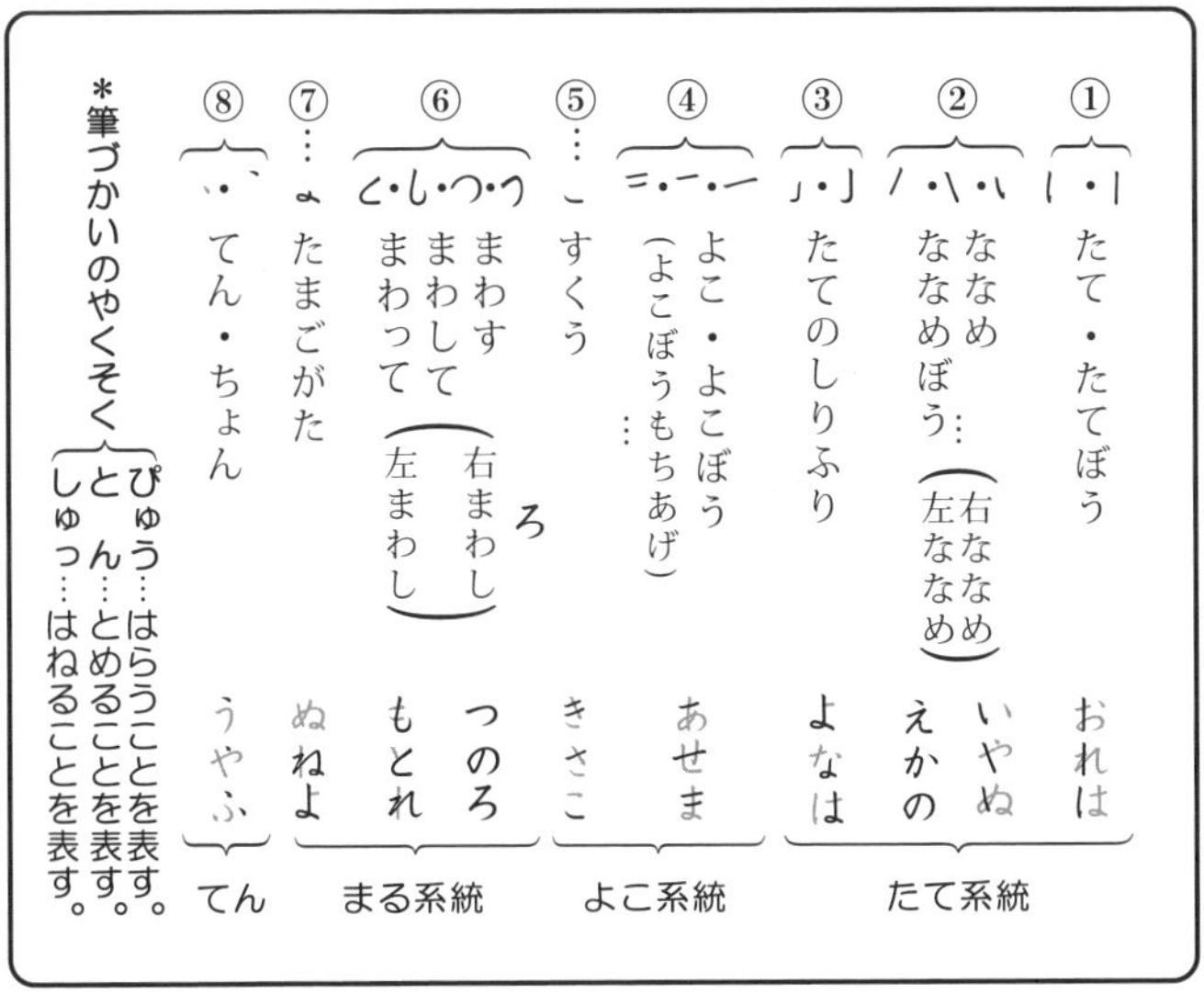

「平仮名八要素のうちの使用頻度の高いもの４種」

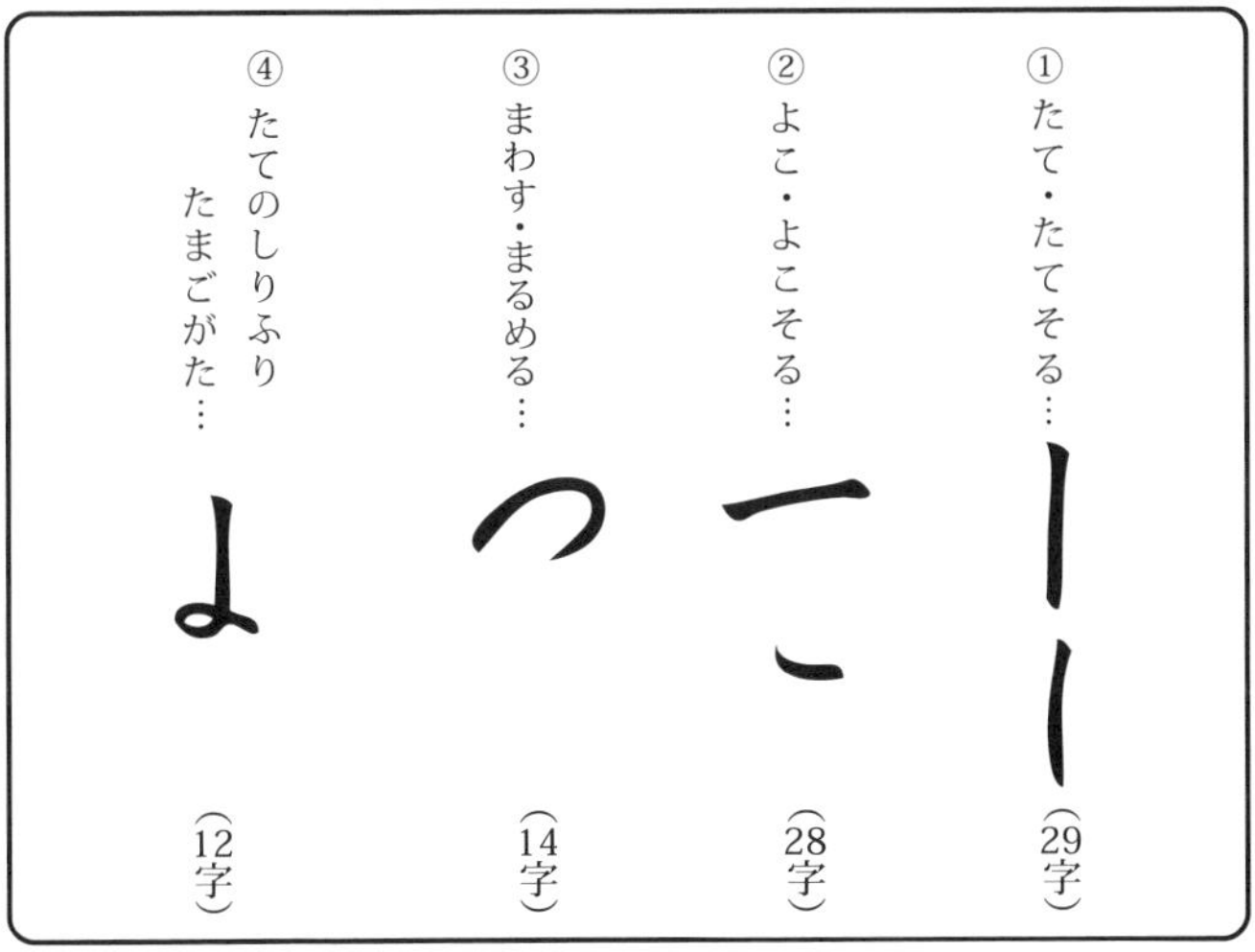

第四章

口唱法に入る前の準備

第四章

(1) 正しい姿勢で座らせよう

平仮名の文を読むことはわりに抵抗なくできるようになりました。声に出してすらすらとよどみなく読んでいます。そればかりか、このごろはしきりに書きたがっています。「これ〈ひ〉でしょう。これ〈ま〉でしょう」と自分の書いた字を見せに来るようにさえなります。

こんな子供の声を聞くようになります。そうなったら「書き」の練習に入りましょう。そうしたとき、あなたが教え上手なお母さんになるための前段階での、必要な注意がいくつかあります。以下を参考にしてください。

まず、文字を書くとき気をつけなければならないのは腰かける「姿勢」です。姿勢が正しくなければ、お母さんのねらいとしている「美しい文字を書く」ことはできません。正しい姿勢で書かせるためには、子供の座る机やいすの高さを調節してやりましょう。

一年前に買ってやった机と椅子のバランスが子供の

成長にあっていないということは、よくあることです。子供のころは調節可能な机や椅子がよいようです。

お子さんを椅子に腰かけさせてみてください。上体は自然に伸ばし膝から下も自然におろさせます。この時、椅子は足の裏全体が床に着くくらいの高さがよいでしょう。机の高さは、座ったままの肘（ひじ）の高さです。子供の両ひじ（下腕部手首のあたり）が無理なく机の上に乗るくらいがよいでしょう。高すぎたり低すぎたり、足がぶらぶら遊んでいるのはよくありません。また、左ひじを机面につくと左肩が下がって体が左に傾いてしまいます。すると、姿勢が悪くなります。ひじはつかないように気をつけさせましょう。

また、椅子の背に寄りかかるほど深く腰掛けたり、机にぴったりと体（胸部）が着くほど椅子を引いたりするのはよくありません。机と体との間に、大体軽く握った握り拳一つ入るくらいの間隔をあけるくらいがよいでしょう。

（2）鉛筆の持ち方はどうか

鉛筆の持ち方や箸《はし》の持ち方など、この時期の初めに正しく教えておかないと大人になってもスマートに持てません。まず、鉛筆は初心者の幼児に長すぎないことが肝心です。もし新しい鉛筆を与えるなら、半分に切って二本にして与えましょう。

鉛筆を握る位置は、鉛筆の芯の先から二・五センチから三センチくらいのところに中指の第一関節が来るようにするのがよいでしょう。この位置が下すぎても上すぎても持ちにくいし、文字を書きにくい状態になってしまいます。そして、親指の先と人指し指の先は向かい合うようにします。親指が人差し指の中に入ったり、人差し指の上に乗ったりする持ち方をする人がいますが、こうした持ち方は手首が疲れる原因になります。

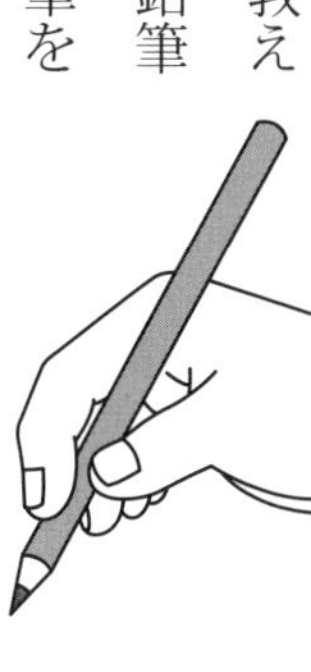

親指は下の紙面と平行にするとよいでしょう。また、鉛筆と紙面との角度は六十度から七十度くらいになるように、傾けて持たせます。紙面に対して垂直になるほど立てすぎても、また、寝かせすぎても書きにくいものです。

こんな持ち方は注意しましょう！

中指は軽く曲げて内側にいれましょう

人差し指が上に重ならないようにします

親指が上に重ならないようにします

力がはいりすぎています

えんぴつの上を持ちすぎています

鉛筆が立ちすぎています

子供は緊張と不慣れのせいで、つい鉛筆をきつく握ってしまうものです。文字を書くというだけでも心理的不安や圧迫感があるのですから、鉛筆の持ち方に慣れるまでは文字を書かせないで、線や絵を書く練習をさせましょう。そのサンプルも出しておきます。（「運筆」の項参照）

鉛筆を正しく持って、縦にも横にも、また、長くも短くも自由に線が引けるようにしましょう。丸も三角も上手に書けるように、手首の使い方も学ばせたいものです。そうして筆記用具が抵抗なく使えるようにさせたいものです。

鉛筆の動かし方を「運筆」といいます。この運筆がスムーズにいくかどうかが、これまた字を美しく書く要素の一つになります。幼稚園や保育所では、鉛筆を使う前の段階にクレヨンなどでたくさんぐにゃぐにゃの線を書かせたりして遊ばせます。こうしたことは文字を書く活動に入る前のとても大事な訓練です。

正しい鉛筆の持ち方の練習用に、三角軸の鉛筆（三菱鉛筆、サクラクレパス、トンボ鉛筆（書き方鉛筆）くもんの「こどもえんぴつ」など）が出ています。そうしたもので練習させるのもよいでしょう。

最後に左手について書いておきます。鉛筆を持つ右手に対して左手はどうすればよいのでしょうか。この左手の処置をおろそかにすると、せっかく机や椅子の高さを調整しても上体が曲がったりして姿勢が悪くなります。そうなると、きれいな字は書けません。

まず、左の指を全部そろえます。そして、その手を左胸の前体の近くに置き、紙をきちんと押さえるようにします。この手の位置は常に鉛筆を持っている右手より自分の近くにあるようにします。

(3) 用紙や用具はどんなふうに

初めからノートを用意する必要はありません。新聞に入ってくる広告の裏の白い紙を利用すれば惜しげなく使えます。失敗しても子供は精神的に安心です。ただし、広告の中には表面がつるつるしたものがあります。これはクレヨンも鉛筆もうまく乗りませんので利用できません。

もし買うのでしたら、再生紙を利用した「おえかきちょう」がよいでしょう。子供のための「おえかきちょう」なら大きさが手ごろです。また、安価で手に入りますし、書きよさもなかなかのものです。

前の項で鉛筆の持ち方について書きましたが、文字の練習の初めはクレヨン類がよいという人もいます。クレヨンは筆圧が硬い鉛筆ほど要りませんので、字や線が書きやすいのです。何度も練習して、字形がしっかり身についてから鉛筆にかえるのも一法だと思います。鉛筆は芯が硬すぎても柔らかすぎてもよくありません。2BからHBのあたりを基準に選びましょう。

そして、注意することは、あまり削りすぎて芯の先を尖らせないことです。鉛筆削り器で削ったままの芯だと折れやすく、思うように筆圧が加えられませんので、子供は恐る恐る書きますから、弱々しい字になりがちです。削ったあと不要な紙の上で動かして芯の先を円く滑らかにしてやるとよいでしょう。芯を細くしようと考えず、丸くしておいていいのです。

鉛筆以外の筆記具として、フェルトペンなども時期を見て試してみるのもよいでしょう。書き味が筆のタッチに近く、書き慣れてくると筆圧の変化によって「跳ね」「払い」「止め」などがきれいに書け、自分でこれらのコツが実感できるメリットがあります。

(4) 運筆の練習をたくさんさせよう

文字の練習に入る前に、子供にさせておくことがあります。それは「運筆」の練習です。平仮名は片仮名と異なり曲線の多い字です。その曲線をきれいに書けるようになることが、平仮名上達のコツです。縦線、横線、丸や渦巻きなどをたくさん書かせましょう。線の練習です。

お母さんが口ずさみながら子供の目の前で書いて見せるのがよいでしょう。そしてその線を鉛筆（またはクレヨン）でなぞらせましょう。たとえば、

ちょうちょが　ひらひら　ひいら　ひら（波線）
みつばち　ぶんぶん　ぶーん　ぶん（螺旋）
かえるが　ぴょんぴょん　ぴょーん　ぴょん（ぴょんぴょん線）

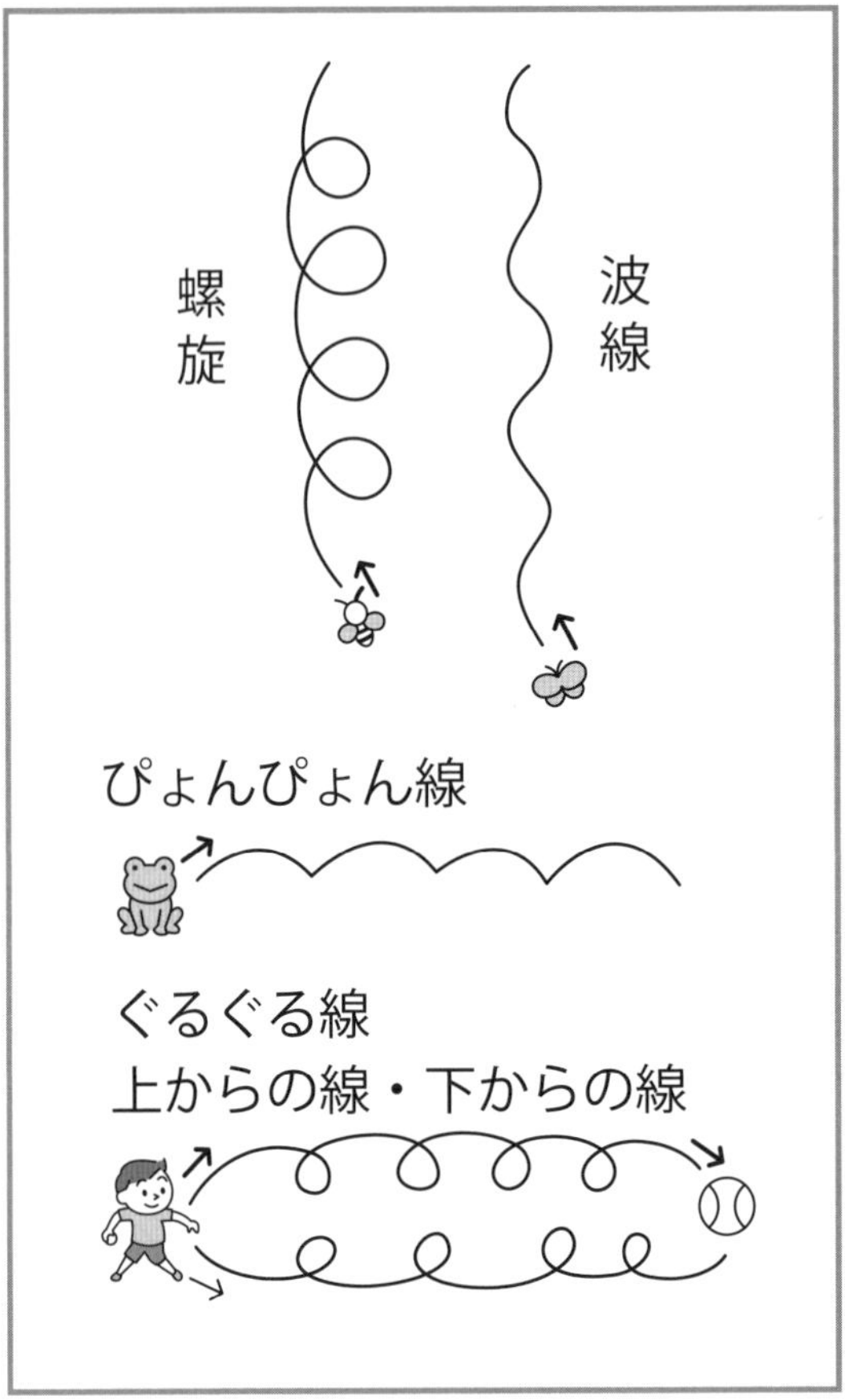

ボールがころころ　ころがった（ぐるぐる――、上からの線、下からの線）

こんなふうに、いろいろな線を書いてやると、口真似しながら面白がってその線の上をなぞってみるでしょう。「もっと書いて」とねだられたら、即興で、

自動車　ブーブー　まっすぐ　ブー
カーブで　じょうずに　曲がってブー
坂道　のぼって　くにゃくにゃ　ブー
こんどは　くだって　ゆっくり　ブー

こんなのでもいいでしょう。そして紙に二本線で道路を書きます。その道路も広くしたり、狭くしたりして、子供には「この線は道路よ。道路からはみ出さないように」といって、クレヨンや鉛筆で一気に書かせます。

船や寄せては返す波、飛行機、風船など、いろいろなものが利用できます。即興でなんでも思いつくものを書いていくのです。

こんなのはどうでしょう。まず、紙の端に円い池を書きます。そして――、

池から　顔出し
かえるが　ぴょん
お庭の　お散歩　あっちへ　ぴょん
ぴょんぴょん　ぴょんぴょん
こっちへ　ぴょん

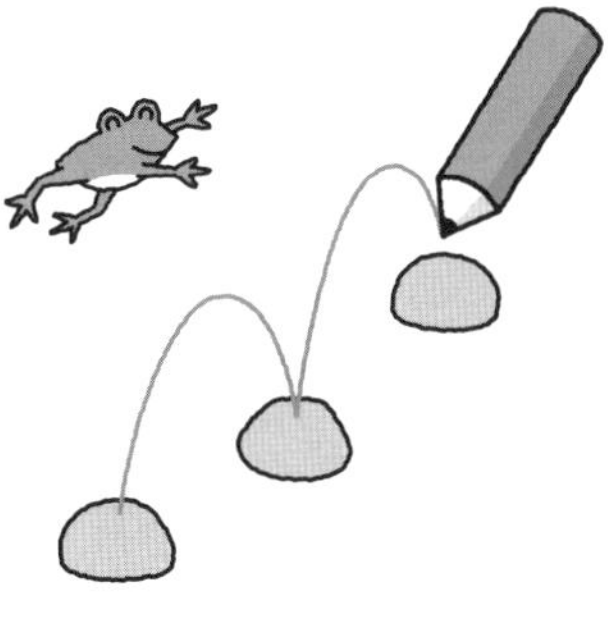

第四章

その池から出てきたカエルが岩を歩き回ることにします。そして、ぴょんぴょん飛び回った足跡を点線で書いてやるのです。その点線をその通りになぞらせます。子供は目を輝かせて食いついてくるでしょう。親子の楽しいひと時が持てます。

バッタでやったり、飛行機でやったり、いくらでも応用ができます。あなたが書いてやって子供と一緒に遊ぶのです。あなたは童謡の創作だと思って節をつけて歌ってください。親子のこうした繰り返しは大事です。初めは子供には難しく、はみ出したり、ひと筆で書けなくて途中で筆を継いだりするものですが、だんだんに熟練してくるのが互いにわかります。

自分の意志通りにいろいろな線が自由に書けるようにならないと、平仮名は上手に書けません。こういうところからも「文字の練習は平仮名から」という書家もいるほどです。このようなことができるようになって初めて、手首の動かし方や柔らかさ、鉛筆を持つ手の筆圧の程度などが理解できるようになります。こうして抵抗なく鉛筆が使えるようになるころは「な」や「さ」や「き」などの字の斜めの線や「そ」の反りの線、「む」や「ぬ」「な」などの丸めなども、うまくできるようになっていることでしょう。

（5）教え上手の六か条

そばについていて教える

幼児への文字の教え方について、いつでも心に留めておいてほしいこと、それは相手が入学前の幼児だということです。いつも親の愛情を感じながら生活させたいということです。子供の進歩に合わせて鉛筆の持ち方、紙の上の手の置き方、書き順、書くときの姿勢…基本的なことはきちんと身につくまでは、そばについていて教えてやってもらいたいのです。

知り合いの家に行った時のことです。その家には幼稚園児（六歳）と乳児がいました。幼稚園児の男の子はわたしたち大人が話していると、紙と筆記具を持ってきてわたしたちのそばで何か書きながら遊び始めました。そのうちに片仮名のドリルを持ってきて、そのドリルをやり始めました。私に見せたかったようです。私は鉛筆の持ち方がおかしいなと思いながらそれとなく見ていました。そしたら、母親も気がついたのでしょう。「また、鉛筆の持ち方が違うでしょ」と怒ったあとで「この子、書き順もでたらめで、何度言ってもだめなのよ」と私に言うものですから、初めは得意顔で書いていた子供はそそくさと片づけて奥の部屋へいってしまいました。この奥さんは口だけで注意して、自分では子供のしつけをしているつもりなのです。

親が初めに鉛筆の持ち方を教えても、それがきちんと身につくまではそばについていて教えてやってもらいたいものです。そして、その時々確かめてやる、きちんとできたときは褒めてやる、そうしたこともしてもらいたいのです。自己流の悪い癖がついてしまうと、後で子供自身が困ることになります。しくじる回数をできるだけ少なくさせるのも、名コーチの仕事です。しくじらせないように前もって十分に用意しておくことも大事です。初めに鉛筆の持ち方を教えたつもりでも、まだ定着していないときだってあるのです。そう簡単にできるようになるものではありません。

親は自分がプロの教える人でないにしても、どうにかして子供がしくじりを最小限に抑えられるように常に注意を払わなければなりません。大人がそばについていて気を配ってやることが必要です。それでこそ「転ばぬ先の杖」になるでしょう。

練習時間は20分以内

小学校の授業は45分単位です。先生はこの45分をいかに楽しくすっきりと学ばせられるかと頭を使います。そのため、この45分間をいくつかに分けて活動内容を組み立てます。考えさせたり検証させたり、発表させたり意見を言わせたり、一斉に朗読させたりといった具合です。特に入学したばかりのころは45分間座らせておくのだけでも大変です。声を出させたり、からだを動かさせたり、45分の中でいろいろな活動を組み込みます。

大人でも集中して机に向かっているとたいへん疲れます。ましてや幼稚園に通っているとはいえ、入学前の幼児です。集中して文字を教える時間、練習させる時間は長くならないように注意しましょう。子供は時間が長いと注意散漫になり、親にしかられることが多くなったり、疲れて嫌になります。挙げ句の果て、「文字の練習、キライッ！」などということになったら元も子もありません。

一回の練習時間は15分から20分です。大事なのは少しずつ毎日続ける習慣を培うことです。長い時間やったからといって、効果が上がるわけではありません。子供のその時その時の、その日のコンディションを考えながら、早めに切り上げたり少

第四章

し伸ばしてみたり臨機応変にやらせましょう。

変化をつける

いつも、いつも机に向かわせられて、いかにも〈勉強です〉といったやり方では、子供は勉強の楽しさを失ってしまいます。練習の方法に変化をつけましょう。

文字の勉強は机に向かわなければできないというものではありません。おさらいでしたら公園のベンチでも、大きな空にのびのびと指で書かせることもできます。親子で目を閉じて交互に掌に書いて当てっこするのも面白いものです。「ななめでもちあげ　まわしてぴゅう」はなあんだ、といったように書き順を唱えて当てさせる遊びのような学習法もあります。散歩しながら今日のテーマの平仮名探しも面白いでしょう。

こうして子供が常に興味を持つような工夫をしてみましょう。子供にとっては文字の勉強は遊びの延長です。親も肩の力を抜いて、そのつもりでやっていくと案外効果のある面白い学習法が発見できるかもしれません。

第四章

量を多くしない

文字をマスターしてしまうまではむやみに教える量を多くしないことが肝心です。もちろん、文字によっては易しいものもありますが、だからといって「こんなの簡単」と子供が言っても、書けるようになったと思い込んで何字も何字も次から次へと与えるのはいけません。「そばについていて教える」の項で書いた男の子は、文字を書くことにとても興味を示していたので、親が喜んで平仮名のドリルの次に片仮名のドリルを買って与えていたのです。ところが驚いたことに、親はとっくにわが子が書けるようになっているものと信じていたはずの平仮名が定着してはいなかったのです。鏡文字もいくつかあったということです。親がどんどん詰め込んだ結果がこのありさまだったのです。

相手はまだ子供、しかも文字練習の初心者マーク（小学一年生）以前なのです。きちんと消化できる量というものを考えてください。一般的には前のおさらいとして二字程度、今日教える字が一字、こんなものではないでしょうか。

褒めながら楽しく教える

注意をしてやるのは大事ですが、あれもこれもと注意ばかりではかないません。とかく親が教えると感情的になりがちです。できない子、知らない子をできるようにするのです。教え方のテクニックが必要なのは当たり前のことです。

同じ注意をするにしても、子供の持つ競争心をうまく利用したり、上手にできているところを先に褒めたりしながらにしましょう。成功感を味わわせてやると、やる気が出ます。「うまく書けたね」「しっかりした字が書けてるわ」「昨日より、ここが上手になったね」と子供にはっきりと進歩がわかる褒め方をしてあげましょう。丸を付けてやるにも花丸にしてやるとか、できたしるしのシールを貼ってやるとか、子供が喜ぶような工夫をしましょう。褒めて励ましてもらえば、子供のみならず大人だってうれしいものです。

子供はちょっとした自分の頑張りでも、それを認めてもらうと喜ぶものです。壁に貼ってもらっただけで喜ぶ姿はいろいろな場面で見ているいると思います。「明日もやってね」という気持ちになるものです。こうして『「文字を書く勉強」(と、子供は言っても実は文字遊びなのですが)って楽しいな』ということばが、子供の口から出るくらいになったら、あなた自身、立派なお母さん先生になってきたんだと胸を張ってよいでしょう。教えながらの「だめねえ」は禁句です。また、いらいらした態度やため息も禁物です。

機会を多くする

「量を多くしない」と一対になる事柄ですが、文字を練習する機会は机に向かって、ばかりではないことは述べたとおりです。おシッコをするとき、口唱法で便器に平仮名を書いている子がいて、その子のお母さんはトイレに新聞紙を敷き詰めたと笑いながら報告してくれました。私はこの子の行動がうなずけます。唱えながら空中に指で空書きしている子を見たこともあります。お勝手をしながら知らない間に口唱法を口ずさんでいたというお母さんご自身の話を聞いたこともあります。これらの例は口唱法が時も場所も選ばずに口をついて出て、知らず知らずのうちにいろいろな形で平仮名の反復練習をしていたということの現れです。

時間を長く練習するよりも、短い時間でも機会をたくさんつかんでやることが知らず知らずのうちの反復練習になったり、思い起こし作業になったりすることのほうが覚えるにはよいようです。いくらでも時と場所を考えずに文字の勉強はできるものです。お買い物の行き帰り、街の看板を見たとき、買い物袋の文字を使って…など、いろいろな場面、いろいろな機会をとらえて、いくらでも文字練習の機会はあるのです。

「鉄は熱いうちにうて」ということわざがありますが、子供がやる気になっているその時に、そのチャンスを逃さず、なるべく多くの機会をとらえて文字練習をさせましょう。子供のそばにいる機会の多いお母さんが機転を利かして導くことこそが賢母の表れです。

(6) 文字の教え方のむずかしさ【その一例】

表記の複雑さ

言葉を文字や符号によって書き表すには、いろいろな約束や規則があって、これをきちんと守らなければ相手に伝わらないし、誤解を招くことにもなりかねないこ

第四章

とは前にも述べたとおりですが、日本語の約束ごと・規則のことを日本語の「表記法」といいます。

ここで、日本語の書き表し方（表記法）の問題点の主なものをあげてみましょう。

まず一つめは、同じ言葉に対して何通りもの書き表し方があることです。例えば「山」「川」を「ヤマ」「カワ」とカタカナで書くことも「やま」「かわ」と平仮名で書くこともできます。さらには、「ＹＡＭＡ」「kawa」などとローマ字でも書くことができます。

これだけで、漢字、カタカナ、平仮名、ローマ字と、四種の文字を使っていますが、わたしたちが使っている文字は、このような書き表し方ばかりではありません。

複合語・熟語の書き表し方になると、また違った問題が出てきます。それが「交ぜ書き」という書き方です。例えば「音符」と書くのに、「音符」と上も下も漢字で書くことはもちろん、「音ぷ」「おん符」「おんぷ」のようにも書き表すことができます。これにカタカナや「♪」（音符記号）などまで加わったらもっと複雑になります。「落ち着き払う」と書くにも「落ち着き払う」「落着き払う」「落ちつきはらう」など、いろいろな表記を目にしますから、混乱してしまうという人もいます。

次に日本語にはいくつもの仮名遣いがありますし、送り仮名のつけ方があります。例えば旧仮名遣いで「けふ」や「てふてふ」と書いていたものを、現代仮名遣いでは「きょう」「ちょうちょう」と書き表すことになっています。そのものが何であるかを書き表すためだけならば「ちょうちょう」だろうと「ちょおちょお」だろうと、そしてまた「ちょーちょー」でもいいでしょう。こうした書き方をしたとしても、読む人には、（英語で言えば）「〈バタフライ〉のことだ」とわかります。しかし、現代では「ちょうちょう」と書かなければならないことを教えなければなりません。

もっとややこしいのは、言葉によって同音の仮名を使い分けなければならない場合があることです。「ず」と「づ」、「じ」と「ぢ」の区別は、わたしたち大人でも難しいほどです。

また、「あらわす」は「表す」でしょうか「表わす」でしょうか、「あらわれる」は「現れる」でしょうか「現われる」でしょうか。「おこなう」は「行う」でしょうか、それとも「行なう」と書くのでしょうか。「くもり」は「曇り」でしょうか、「曇」でしょうか、「はれ」は「晴れ」でしょうか、それとも「晴」でしょうか。それぞれ通則とか許容というのがあり、〈この場合は　こう〉といった決まりがあります。

第四章

そうしたこともいちいち覚えなければなりません。
子供は、一年生になると、すぐに次のことを学習します。
①「は」……（この場合「ワ」と発音しても「は」と書く）
この川は　あさい……主語を示す
それは　楽しい……事柄を示す
②「へ」（この場合「エ」と発音しても「へ」と書く）
うちへ　帰ろう……方向を示す
③「を」（この場合「オ」と発音しても「を」と書く）
海を　ながめる……目的を示す
④「長音」（のばす音の書き方）
おとーさん・おとおさん　↓　おとうさん
おかーさん　↓　おかあさん
せんせー・せんせえ　↓　せんせい
おはよー・おはよお　↓　おはよう
⑤促音（小さい字「っ」で表わす詰まる音の書き方）

第四章

がっこう・はっぱ・まっくろ・れっしゃ・しっぽ　など

⑥撥音（はつおん＝鼻音「ン」で表わす音の書き方）

とんで・「飛んで」、ふんで・「踏んで」、よんで・「読んで」、よんで・「呼んで」、あそんで・「遊んで」　など。

⑦拗音（ようおん＝「ゃ・ゅ・ょ」などの小さい字で表わす音の書き方）

びょういん・「病院」、いしゃ・「医者」、あかちゃん・「赤ちゃん」、きょう・「今日」　など

⑧連呼・連濁

つずく　↓　つづく　　　ちじこまる↓　ちぢこまる

つくずく↓　つくづく　　ちりじり　↓　ちりぢり

つずる　↓　つづる　　　ちかじか　↓ちかぢか

これら、①～⑧の表記の仕方は学校に入ってから、きちんと習うとはいっても、学校の教科書で初めて眼に触れるものではありません。幼児の身近にある絵本も、こうした表記法に従って書かれています。

絵本の好きな子供は、なんの苦もなく、知らず知らずのうちに覚えてしまってい

るでしょう。そんな子の場合は、あとは意識化させるだけです。

幼児は四・五歳である程度の読み書きができるようになっています。この年齢になると一定の文字に一定の音が結びつき、さらに意味が結びついていることが分かってきます。その上に絵本などを手がかりにして、鉛筆やクレヨンで線やマル、そのほかの図形を上手に書けるようになります。そしてだんだんと、複雑な図形を見分け、文字を覚えていきます。自然にこうした能力が出てきて、その能力を伸ばすことに興味や欲求が生じるようになります。

こうなると、読みだけでなく、書くことにも興味を示し始めます。書く能力が読む能力と切り離せないことが分かります。形を見分ける能力や形を暗記できる力がでてくるようになると書きたくなるものです。

しかし、書くためには「形を再現する能力」や「形の位置、大小、長短、バランスなどを確かめる能力」も必要です。それなのに、まだ十分にそうしたことのできない子供もたくさんいます。

幼児に「く・ふ・む・と・き・そ」などという平仮名を書かせてみると、左右関係が逆になることがよくあります。文字ばかりではありません。図形でも同じことがいえます。入学前には入学時検査を行いますが、そのときの知能検査の結果を見ると、直線、曲線、円などを書けない子供が多いことが分かります。〈書けない〉というと語弊がありますから〈下手な書き方〉といいましょうか。この時期ではまだ手先を細かく動かすことができるほどに運動神経が発達していないのです。

こうした子供は「つ・ま・し・い・こ」などの平仮名はともかくとして、字形の複雑な平仮名をバランスよく書くことは難しいようです。

とはいっても、文字を知り、本を読むようになってきた子供に、最も大切なこと、それは「文字は言葉を表すもの」だという意識を育てることです。文字と言葉は切り離せません。

幼児の時期からすでに、生活の中に「話し・聞き」、「読み・書く」という言語生活が組み込まれてしまっています。こうして、自然に日本語教育は行われてきているのです。「学校に入学してから」などといわず、この世に生を受けたときから自然に身につけさせていく中で、日本語のセンス（言語感覚）を育てることが大切です。

そのためには、ちょっぴり、親が意識的・積極的になればいいのです。それが、あなた自身の表現力・理解力を養い、国語に対する関心や知識を深めることにもなるのですから。親がそうした心がけを持てば、自信を持って、わが子に文字の教え方ができると思います。

例えば、次のようなことを参考にしながら、先生のまねごとをしてみてください。「心がけ」ですから、先生とおんなじにできなくていいのです。

(1) 第1段階「さかな」の絵（3音節）

①発音させる　「さ・か・な」

②○○○という3音節であることに気付かせる。

③一つの音に一つの文字が対応することを確認させる。

(2) 第2段階【汽車】の絵（2音節）

①最後の音節「しゃ」は「し」と「ゃ」（拗音）の2文字で1音節。

②「き・し・や」でなく「き・しゃ」である、拗音の働きを教える。

③手をたたいたり、カスタネットでたたいたりしながら「ちょん。

ちょん」とたたけるようにする。

(3)　第3段階【切符】（きっぷ）の絵（2音節）

①第Ⅰ音節目は「きっ」という促音であること。
②その部分「っ」に「しるし」（レ点）をつける。

(4)　第4段階「箒」（ほうき）の絵（発音は2音）第1音節は長音だから——印

①〈ほ〉は、お段の音（おこそとの　ほもよろお）
②〈お段の音〉を長音（—印）にするときは「う」という文字を添えるというきまりによって「ほおき」は「ほうき」になる。

●正しい教え方をマスターして、積極的に子供に文字を教えましょう。

あなたが小学校のころ習った方法を、そのまま子供に強制するのはよくありません。幼児に対して本格的な文字の教え方を施す場所は、幼稚園や保育園であり、そして小学校であってほしいものです。と、同時に、入門期（何歳であろうと、文字の覚え始め）の文字の教え方は園児の集団に対して、先生方が教えることが最も望ましい姿です。

（7）どの字から教えるべきか

（1）易から難へ

『A』教え方の順序⇩字形の易から難への例

①1画で書く文字グループ…例「く・つ・し」

②2画で対立した文字グループ…例「い・り・こ」

③結びのある文字グループ

（あ）書きにくい結び…例「す・の・め」

（い）丸くなりがちな結び…例「ま・は」

④字形の似通ったグループ…例「は・け・ほ」

第四章

『B』教え方の順序⇩発音の易から難への例

①　あ・か・た・さ・な・ま・は・ら・や・わ・ん

②　さ行、ら行音がうまく発音できない子がいます。

（その例）「先生」

ア、はっきりと「センセイ」と発音する地方

イ、「センセー」を主に「センセイ」とも発音する地方

ウ、【こうでなければならない】とは言わないのが妥当な線ではなかろうか。

エ、やさしい音節から出発して難しい音節に移行させます。

(2)　濁音⇩清音と比較し対比させながら教える。

（例）こま⇩ごま　　かき⇩かぎ（鼻濁音）など

(3)　促音⇩2音節に

（例）はか⇩はっ・か　　ねこ⇩ねっ・こ

第四章

(4) 長音⇩長音が短音と異なる音節だということを。

①ア列の長音はア列の仮名に「あ」をそえる。
○「おかあさん」×「かー」
②イ列の長音はイ列の仮名に「い」を添える。
○「にいさん」「おじいさん」
③ウ列の長音はウ列の仮名に「う」を添える。
○「くうき」「ふうふ」「きゅうり」「ちゅうもん」「ぼくじゅう」
④エ列の長音はエ列の仮名に「え」を添える。
○「ねえさん」は、ねいさん↓ねーさんではない。「ええ」
⑤オ列の長音はオ列の仮名に「う」を添える。
○「おとうさん」「とうだい」「あそぼう」「すもう」は、すもお ↓スモーではない。
＊オ段の長音の特例「おおきい」⇓おうきい↓オーキイではない。

(5) 拗音

(例) きょ・く・げい　お・ちゃ　い・しゃ

(6)　拗長音

（例）や・きゅう　ぎょう・じ　ちょう・ち・ん

(7)　助詞「は」「を」「へ」

「お・を」の例…「おけ・しお」のような「お」と助詞の「を」とがある。

「は・へ」についても同じ「名詞＋お・は・へ」の形を意識させる。

(8)　動詞の「言う」は「いう」と書く。

ものをいう。　いうまでもない。　どういうふうに、　こういうわけで。

(9)　二語の連合によって生じた「ぢ」「づ」

（例）鼻血（はなぢ）、底力（そこぢから）、

茶飲み茶碗（ちゃのみぢゃわん）など

ただし、次の語は、次のように書く決まりになっています。
地面（じめん）、布地（ぬのじ）、図画（ずが）、略図（りゃくず）

こうしたことを考えて、一例として、教え方の段階をまとめておきます。）

①新出文字の定着の段階

(1)言葉広げ…その単語（文・文章）を使って話し合う。

(2)書く練習…「読むこと」と「書くこと」を同時に並行させた教え方をする（従来の指導）。覚えようとする字を見極め、その字を使った音として丸めて書いたものを読む。

(例)あり、あひる、あめだま、あめふりなど「あ」を使う言葉と絵を対にして話し合い、よみあう。どんな場面、どんな言葉でもこれが「あ」だと理解するまで、読みの訓練をする。

②応用発展の段階

学びとった文字（語・語彙・文・文章）を使って、子供の思考の発展を促すように教える。

【例えば、次のような文を口頭で発表させる】

・ありの　すは　つちの　なかに　ある。

・たべものを　はこぶ　ありは　はたらきありだ。

・ありは　さとうが　すきだ。

・ありは　みちで　ともだちにあうと「こんにちは」を　します。

③まとめの段階＝一般化の作業

○「あいうえお」と一つの段を教え終わったら、あ行の音節をまとめる。

○46字が終わったら50音図にまとめて、行と段との認識を与える。

（行と段の意識がなければ、長音・拗音の表記の仕方を〈決まり〉として教えることができないからです。）

自分で『新教材を創案して提出する場合の例』

①クイズ形式の発問で【あ】を含む単語を出す。
【わたしはだあれ？】という問題を出して【未習部分は○にする】

第一ヒント…わたしは小さな虫です。

第二ヒント…体はまっ黒です。

第三ヒント…砂糖が大好きです。

「こたえはアリです」……「あ○」

②共通の音節を抽出させる方法で【あ】を含む単語を出す。
【同じ字のある動物を探しましょう】（絵を見ながら）
ア、単語を文節に分解する力を養う。（かば、キリン。キツネ）
イ、音の違いを見分ける力を養う。
ウ、新出の音節を含む単語をいくつか比較させ、その音節を発見する。
（はこ）（はし）（はな）

『教材の提出の仕方』

①まず、標準的な日本語の音声をはっきりと与える。
（おひさま）⇩（おひなさま）
②絵や実物をみて新出文字を含む単語を知る。
③その単語を音節に分解する。
④その時、口や舌や唇の動かし方などを詳しく練習、発音練習。
東京方言の例…「ひ」と「し」の違い。要注意
「お日様」⇩「おしさま」
「お雛様」⇩「おしなさま」

＊【書き言葉】を教えることによって、いつも同時に【話し言葉】も教えているのだ、ということを忘れないように。

第四章

第五章

「口唱法」で教えよう

(1) 口唱法とはどんな教え方なのか

さて、いよいよ「口唱法」についての説明に入ります。

口唱法は漢字、平仮名、カタカナなどの書き順を覚えるとき、口で唱えながら覚えようという独創的で、しかも体系的な文字の学習法なのです。一言で言うと、目を、口を、手を、頭を、体全体を使って書き順を覚えて、文字を書くという、今までになかった画期的な練習方法です。そしてこの方法は特にマスターする字数の多い漢字の勉強で最もその特徴を発揮し、それだけに効果も絶大です。ですから、ここでは漢字にも触れながら口唱法とは何かということを説明します。

この文字の教え方に導入する全体像と体系が整ったのは50年ほど前のことです。その後「口唱法」「唱えて覚える」という名称や「下村式・漢字早繰り」(漢字索引)などの商標登録が加わり、現在に至るまでに成長してきました。

口唱法では……、

(1) 漢字・平仮名・片仮名の字種別に、それらの文字を形づくっている点画などの共通の要素を調べあげ、最小限必要な共通要素だけを抜き出してあります。（ちなみに、その共通要素は、漢字が24、平仮名が8、片仮名が10の要素にまとめ上げられています。）

（2）その抜き出された共通の構成要素のひとつひとつに、唱え方の呼び名がつけてあります。

（3）そして、その呼び名を組み合わせた唱え方によって、文字の書き順を唱えようというわけです。

（4）ですから、その呼び名によって、すべての文字に統一的な学習形態が作り上げられています。

（5）口唱法では、唱えることと、その字画を書いていくこととが、手の動きや速さの点で一致するような唱え方でないと、リズミカルな唱え方とはいいません。

口唱法でいうリズムは、口ずさみやすいことと同時に唱える速度と文字の点画（または部品＝まとまりのある部分）を書く速度と一致するように作ることが口唱法での大事なポイントです。

（6）こうしてできた構成要素の字画を、その呼び方によって、リズムをもって口で唱えながら書き、書き順を学習していくのが口唱法なのです。

この方法が生まれて50年もたった現在では下村式「口唱法」という言い方で言い習わされ、名が通っていますので、一見普通名詞のように思えるほどになりました。この「口唱法」で学んだ子供が今や母親になり、自分の子どもにも「口唱法」で学ばせているという便りをくれたり、若いころの私に「口唱法」の話を聞いたという方が「懐かしい」といって、娘さんやお孫さんを連れて、再度講演を聴きに来てくれることがありますから、感慨深いものがあります。

(2) 口唱法には三つの大きな原則がある

口唱法での一文字一文字の要素の考え方は、その文字について、それぞれひとつということではありません。例えば「あ」はこの本では、

あ…よこぼうかいて　たてまげて　ななめでもちあげ　まわしてぴゅう

としてありますが、「あ」は「よこぼう」と「たてまげ」と「の」という三つの要素の組み合わせと見ることができます。

また、「め」は、「ななめぼう」と「の」との組み合わせと見ることもできますし、「に」は「たてはね」と「こ」の組み合わせだとみてもいいと思います。

このことを、漢字で考えてみましょう。

漢字ではこうした考え方がよく表れます。比較的、字画の少ない『天』(画数は4画)を考えてみても、次に示すように五種類にも分解できます。

①　天……一と　一と　左払いと　右払い

②　天……一と　ナと　右払い

③　天……二と　左払いと　右払い

④　天……一と　大

⑤　天……二と　人

これらの五つの中で、子供にはどの分解法を示すのがよいのでしょうか。それはこの『天』という字を学習する子供の発達水準と、もうひとつは「天」という字を学習するときの前提となる知識や技能を既に習得しているか否か、ということが要因となってかわってきますし、それが決め手になります。

もし、その子が「人」という字の書き順をまだ知らない子供でしたらば⑤の「二

と　人」の組み合わせという唱え方はできませんし、片仮名の「ナ」を知らない子供だったなら、②の「一と　ナと　右払い」は使えません。ましてや「左払い」や「右払い」ということばがどうすることかがわからない子供でしたら、①②③は使えないということになります。このように、その子供一人一人の学習進度（レディネス）、既習、未習の度合いによって、唱え方も決まります。

平仮名の「あ」でいうと「あ」を学習する前に「ノ」が正しく書けるようになっているかどうかです。

ななめで　もちあげ　まわして　ぴゅう

の「ぴゅう」が正しく書けているかどうか、ということです。

また「天」に戻して話しますと、この文字の学習に入る前に「二」も「大」も「人」も既に学習済みで、これらの書き順がきちんわかっていて、いつでも間違わずに書けるようになってる子供ならば、①や②でなく、③や④や⑤を使った、次のような唱え方でもよいということになります。

天……よこぼう二本で　人を書く、

天……よこぼうに　だい〈大〉、

天……に　にん〈二一　人・ふたり〉……でもよいということになります。

そこで、口唱法は書き順の覚えやすさや子供の学習段階や学習程度を考慮して、基本的には次の三つの原則によって造られています。「基本的には……」と書いたのは、ほかに原則の「応用」と「組み立て」の唱え方を併用することもあるからです。

原則1　文字を点と線（画）との組み合わせとみる

口唱法の基本的な考え方からすると、口で唱えながら文字を書いてみたとき、書き順の間違えようがないという唱え方でなければなりません。それには文字を一点一画に分解し、その一点一画に唱え方の呼び名をつけておき、その呼び名の呼び方によって決まった書き順に従って唱えていくのが最も確実だからです。

これが基本的・基礎的な方法で、口唱法の基本原則です。すなわち、すべての文字は『点と線との組み合わせ』であるという見方をしたものです。

例「し」…し…ゆっくりと　たてぼうおろして　まがって　ぴゅう

　　縦棒をまっすぐおろして　まげてもちあげる

例「よ」…ˊ よ…よこに　ちょん　たてのしりふり　たまごがた

短い横棒と　たてのしりふりとたまごがたの組み合わせ
例「上」…┃╸　━……たて　よこかいて　よこながく
縦棒と短い横棒と長い横棒との組み合わせ
例「下」…━　┃、……よこぼう　たてで　てんつける
横棒と　縦棒と　てんとの組み合わせ

文字はこのように点と線との組み合わせによってできています。点と線とがどう組み合わさっているのかという見方は大事です。例えば基本形「田」は縦棒の組み合わさり方（構成のされ方）によって「田」にもなり、「由」にもなり、「甲」にも「申」にもなります。この丶や┃などにつけた名称が「唱え方の約束」という漢字分解の24の要素になるのです。

また、文字はすべて最初の筆の運び方（これを「始筆」といいます）によって、「┃」「━」「ノ」「丶」の四種類に分けられます。どんな字でも書き始めはこの四種類しかないのです。

「━」から始まる字……木　天　あ　サ　など
「┃」から始まる字……口　門　わ　ト　など

「ノ」から始まる字……伝　仁　の　イ　など
「丶」から始まる字……主　意　ぅ　ソ　など
これが文字の始筆・四種です。この四種は書き順を唱えるときの絶対の基本要素になります。「下」でしたら「よこぼう　たてで　てんつける」と唱えます。
この「文字分解の原則」１を用いるのがよい場合は、
①その文字が初めて習う字だったとき
②その文字を形作っているいくつかの部品のうち、ある部分が初めて習う部品だったとき
③書き順の押さえどころを強調したいとき
④唱え方の全体のリズムはどうであるかなど、他の原則を用いるよりこの原則１を使うと効果が大きいと思われるとき。

原則２　点や線と「まとまりのある字」との組み合わせとみる

口唱法では「原則１」が基本ですが、画数の多い文字の場合、「原則１」によっていたのでは唱え方が長くなりすぎることがあります。漢字はことに点や線と「ま

第五章

とまりのある字」との組み合わせのものが多くなります。「司」でしたら「かぎはね」と「一」と「口」の組み合わせです。漢字の70～80パーセントはこうした組み合わせ字です。

「あ」…一丨の……よこぼう　たてまげ　「の」をつける

　横棒と縦棒と平仮名の「の」との組み合わせ

例「も」…し　二　……「し」をかいて　よこ二ほん

　平仮名の「し」と横棒二本との組み合わせ

例「舌」……ノ　一　丨　口……ノ　いちの　たてで　口つける

　片仮名の「ノ」と漢字の「口」と「よこぼう」と「たてぼう」との組み合わせ

例「宿」……ウ　イ　一　ノ　日……ウカンムリ　イに　一　ノ　日

　部首「宀（ウ冠）」に「イ　ノ」と漢字の「一ノ日」との組み合わせ

「宿」を例にして考えると、部首「うかんむり」や漢字「日」はさらに分解することができますが、ここでは「うかんむり」や「日」をすでに習っているので、あえて「まとまりのある字」として使います。

　漢字の部分を見てみますと、片仮名の「メ」に似ていたり「カ」に似ていたりという部分がたくさんあります。「気」には「メ」に似た部分が含まれていますし、「加」は「カ」と「ロ」の組み合わせに似ています。また「友」は「ナ」と「ヌ」の組み合わせのようにも見えます。平仮名に似ている部分もあります。「糸」という字の上部（「幺」）を「糸がしら」といいますが、これは平仮名の「く」と片仮名の「ム」を合わせた形と見ることができます。ですから「糸」は「く　ムと続けて　たて　ちょん　ちょん」と唱えられるわけです。

「文字分解の原則」２を用いるのがよい場合は、

①その文字を構成する部品の中に既習部分を含むものがあるとき。

②わざわざ原則１に戻すよりも「まとまりのある字」としてみたほうが端的でわかりやすく、唱えやすいとき。

③その部品をすでに何度も学習していて書きなれている場合、あるいは「まとまりのある字」としての言い方、例えば「扌」を「よこ　たてはねて　もちあげて」と唱えるよりも「てへんに……」と唱えながら書くことに習熟していて書きやすいほどになっているとき。

これらが、原則２を用いることによって、その子供の能力、段階などにあってい

第五章

て興味が大きいと思われる場合です。

原則3　文字を「まとまりのある部分」同士の組合せとみる

学習が進めば進むほど、文字を「まとまりのある部分」同士の組合せとみる見方は利用価値が高くなります。多くの大人も使います。今、例として挙げた「糸」は第二原則の唱え方をすると「くムと続けて　たて　ちょん　ちょん」でしたが、この「糸は」「幺」と「小」との組合せであるとも見ることができます。「幺」が「糸がしら」という呼び名でよばれているのを知っているならば「糸」は「糸がしら」に「ショウ（小）」と唱えることができます。こうした方法が原則の3に当たります。

例「苦」…艹　十　くち……くさかんむりに　じゅうと　くち

　部首・くさかんむりと漢字の十と口との組合せ

例「遠」…土　ロ　イ　く　辶　……ど　ろ　い　く　しんにょう

　漢字の「土」と　片仮名の「ロとイ」と平仮名の「く」と部首「辶」の組合せ

例「資」…次　貝……次　の　貝

　学習漢字の「次」と「貝」（または、目と片仮名のハ）との組合せ。

「寺」「伝」「働」をこの原則3による分解法で分解してみると、次のようになります。

「寺」…「土」と「寸」……ど　すん

「伝」…「イ」と「二」と「ム」…片仮名で「イ・ニ・ム」

「働」…「イ」と「動」……「イ・動（ドウ）」

このように従来行われていた「へん」と「つくり」。「かんむり」と「脚」などの組み合わさった見方だと思えばよいわけです。「休」ならば「にんべん」に「木」、「男」ならば「田」と「力」です。

これらの字は「人が木の横で休む」とか「田で力を出して働くのは男」というように、部品と部品（部分と部分）を関係づけて覚えることもできます。しかし、この方法は文字分解の方法の一つではあっても、口唱法の主流になるものではありません。口唱法理論の上からは「組み立て」といわれているものです。

この「文字分解の原則3」を用いるのがよい場合は、

①その文字を構成する部分が既習であり、原則1や原則2に戻さなくてもよいということがはっきりしているとき。

②「まとまりのある字」としての唱え方のほうが、その文字全体を唱えるのに唱え

第五章

やすく、リズムがよいとき。

③「原則3」を使うことによって、学習効果が大きいと思われるとき。

などですが、習う文字数が増えるにつれて、この原則3の活用度が増してくると考えられます。

原則の応用

口唱法では、文字分解の原則3によって、次の分解方法（A）を「書き順」（唱え方）とすれば（B）の分解を「組み立て」とする方法を取っています。例を挙げましょう。

「苦」は次の（A）（B）二様に分解できます。

（A）艹に　十と　口……（書き順）「くさかんむり」に　「じゅう」と　「くち」

（B）艹に　古……（組み立て）「くさかんむりに　ふるい」（コ）

「室」でしたらば、

（A）宀に　一　ム　土……（書き順）「うかんむり」に　「いち」「む」「ど」

（B）宀に　至……（組み立て）「うかんむり」に　「いたる」（シ）

「苦」は配当学年が三年であり、「苦」の部品としての「古」は二年ですでに学習している文字です。ですから（B）「艹に　古」を「くさかんむり」に「ふるい」として（書き順）唱え方とすることもできますが、「室」のほうはそうもいきません。

「室」は二年生で学習する字ですが、この字の部品としての「至」は六年にならないと学習しない字です。しかし、発展学習という観点からすると「至」は「シ・いたる」と読むこと、また、「室」の組立て部品としては「宀」に「至」であるということを知るのもいいことです。

「交」の場合「てんいち　ハを書き　左右に払う」とすれば原則2を用いた唱え方であり、「てんいちの　父」とか「六に　左右払い」とすれば原則2を用いた応用、すなわち「組立て」となるわけです。

（3）同じ部品でも唱え方が違うことがある

夏休みが過ぎたころ、私のオフィスに質問の手紙が届きました。広島の読者からの質問でした。もしかしたら、学校や学習塾の先生だったのかもしれません。

『……　先日「下村式、漢字の本」を購入しましたが、その中の説明で同じ字なのに二通りの唱え方（書き順）がありますが、意図があって違う書き順になっているのでしょうか。それとも単に違う書き順になってしまったのでしょうか。
1　四年生のページ「観」で「ノ一に　よこぼう　イをかいて～」とあり、
2　五年生のページ「歓」で「ノ一に　かなのナ　たてかいて～」
3　六年生のページ「権」で「ノ一に　よこぼう　イをつけて～」
と、「イをかき」と「かなのナをかき」に分かれています。どうして二つの書き順になったのでしょうか。……』（現在は「歓」は小学校では習いません）
　この手紙に次のような返事を書きました。
『……お買い求めいただいた本、大変よく御覧いただいているようでうれしく思います。この書き順の示し方による覚え方を「口唱法」といい、これを作り上げて以来半世紀もたちました。日本全国、多くの学校で先生方が授業に使ってくださっています。
「口唱法」では、漢字は二十四要素、平仮名は八、片仮名は一〇要素、それぞれの字種の構成要素が分析されています。漢字ですと二十四の要素のどれかを使えばすべての字を書くことができるわけです。それが「漢字の本」の終わりのほうに「書き順の約束」として出ていますからご覧ください。しかし、この約束を知らなくても、各ページの唱え方を見ればすぐにわかることだと思います。

この「口唱法」という「書き」の学習法では、「書き」のリズムを大事にします。漢字一字一字を美しく書くには、文字に合わせてリズムのよい唱え方というか、歌い方を作り、そのリズムに従って筆を動かすようにさせます。しかし、文字は一字一字全体の要素が違い、画数が違います。

したがって「どの字も同じ調子、同じ速さで書く」というわけにはいきません。「観」は18画ですし、旁の「見」は既習の字ですから「見る - を書く」とそのまま唱えられます。

「権」は15画ですし、偏の「木」は既習です。ですから、この場合「木を書いて〜」とか「木へんに〜」などと唱えられます。こうしたすでに習った字（部分）は積極的にそのまま使わせたいのです。「これを原則2」（第二原則）といい、その理由もあるのですが、ここでは省略します。

第五章

(4) 口唱法は書き順を覚える手段である

　この「木」についても「き・に」と唱えるものもあり「きへん・に」と唱えるものがあります。漢字によって、子供によって異なります。これらもそれぞれの字全体の字画との関係や、既習・未習の関係で唱え方が一様ではないのです。


　「権」(6年)の場合、「漢字の本」では、

「木を書いて　ノ一で　よこぼう　イを書いて、　てん一　たてで　よこ三ぼん」

となっていますが、これを「きを　かいて〜」といわず「きへん〜」と唱えると、そのあとはどう唱えるのでしょうか。

「きへんに　ノ一、　よこぼう書いて　イに　てん一で　たて　よこ三本」

とでもなりましょうか。この場合「きへんに　ノ一〜」の部分の運筆が速くなり、子供がこのリズムで書けるでしょうか。やはり「木を書いて」とは唱えても、いわゆる「木」ではなく、「きへん」の形であることを意識させておいて、そのうえで「きを　かいて〜」で筆を止め、「ノ一で　よこぼう　イを書いて」「てん一　たてで　よこ三本」とするのがよさそうです。

第五章

何度も唱えてみて、口と手との速さがマッチすることが肝心です。それがうまくできればこの唱え方にこだわらなくてよいということです。

口唱法の授業では、口唱法の原則を踏まえて子供たちに唱え方を工夫させる授業をします。この本の通りでなくてよいのです。この本は子供たちにとっては一種のヒントです。要は正しい書き順を楽しく覚える工夫なのですから。

子供たちがいろいろ考えた唱え方を発表させ、「マーちゃんのもいいねえ、美智子ちゃんのもいいねえ、……では今日は吉田君の唱え方で書いてみよう。さあ、吉田君、君の考えた吉田式なんだから、君がタンバリンたたきながら大きな声で音頭を取ってね」と、こんなふうに仕向けていくといいと思います。みんなが聞いて唱え方のゴロがよくて、手がスムーズに動いて、正しく美しく書けるという唱え方、これが最高です。どれがよいかは子供たちが一番よく知っています。

あなたのお子さんに「観」「歓」「勧」「権」の字をいろいろに唱えさせてみてください。あるいはご自分で唱えてみてください。そうすると、唱え方の良し悪しがおのずとわかってくることだと思います。ただし、唱えながら書くのは書き順を覚えるための手段だということをしっかりと頭に入れておいてください。唱え方を覚

第五章

えるのを目的にするのは間違いです。

なお、「観」「歓」「勧」「権」などの字で書き順を間違いやすいのは「隹」（ふるとり）の部分です。すなわち「イ・てん一・たて・よこ三本」のところを「イ・てん一・よこ三本・たて」とする誤りがありますので、ここでは「イに　てん一で　たて　よこ三本」が正しいことを強調したいものです。』

およそ、これがわたしの返事のあらましでした。

(5) 口唱法でいうリズムとは

口唱法は文字の書き始め（始筆）から書き終わり（終筆）までの手の動きが、唱え方と連動しなくてはなりません。たとえば、『む』は、ふつう画数でいうと三画ですが、口唱法では四画と数えます。

「む」…よこぼうで[1]　たてぼうまるめて[2]　ぴんとやって[3]　ちょん[4]

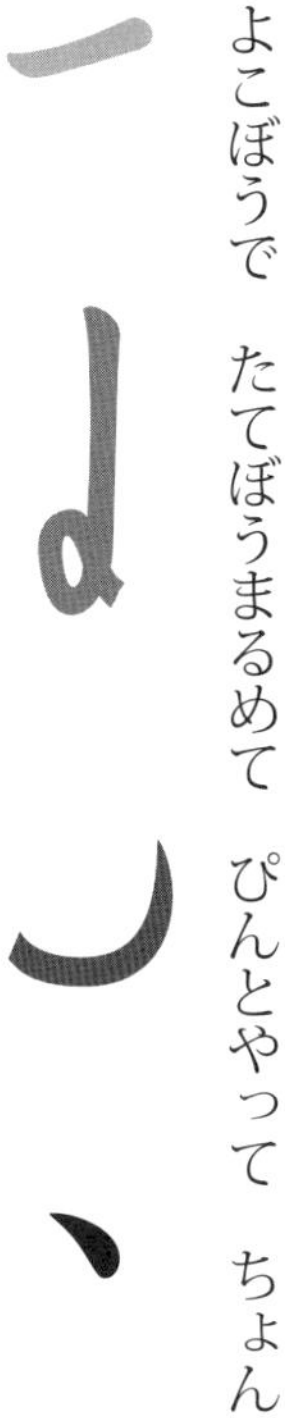

ですから、この1・2・3・4を数える時も「イチ　ニィ　サンッ、シッ、イチ　ニィ　サンッ、シッ」と、四拍子のつもりで数えるとよいのです。そうすると、手の動きと調子が一致して書きやすくなります。

「イチ、ニィ、サンッ、シッ」と何べんか唱えたあとで、もう一度「イチ　ニィ　サンッ、シッ」と唱えながら空書（空書き）してみてください。ニィとサンッのところの区切り目がわかることだと思います。

「む」の書き方に慣れてくると、もう少し早く鉛筆を動かすことができるようになりますから、そうしたら、

イチ　ニィ　サンッ　シッ

「む」…

と数えながら書くことができるようになります。

ほかの字の場合はどうでしょう。11画の「鳥」で考えてみましょう。

この「鳥」は

第五章

鳥

ノ｜ヨ一マ灬

の部品に分解できます。そこで、これによって次のように唱えます。

ノ｜

[1]ノに　[2]たて　[3]つけ　[4]て

ヨ

[5]ヨを　[6]書い　[7]て　[8]♪

一

[1]よこ　[2]ぼう　[3]ひい　[4]て

マ

[5]かぎ　[6]を　[7]はね　[8]♪

灬

[1]なか　[2]に　[3]てん　[4]てん

[5]よっ　[6]つ　[7]かく　[8]♪

(6) 口唱法のよさはどこにあるか

子供を育てるのは学校の先生ばかりではありません。学校は「知識」を、家庭では「知恵」を――これが私の持論です。学校で習った「知識」というものは、時により、時代によって変わります。昨日までよいことだといわれていたことが、一夜が明けて今日になると悪いことだといわれるようになることさえあります。例えば、昔は「ご飯を食べてすぐ横になると牛になる」といわれて戒められたものです。ところが現代では「食べた後は少しゆっくりと休息するのがよい」といわれているようです。「身を粉にして働くのがよい」といわれていたかと思うと「働きすぎは体に良くない」とか、「日本人は働きすぎだ」という声も聞きますし、人口の増減によって政府はいろいろなことを言います。

また、平和だった世の中が急に危険になってきたり、健康と病気の関係などでも、あれは体に悪いといっていたものが、今朝の新聞によると毎食食べたほうがよいということになっていたり、まあ、さまざまです。

……このように、知識は時代とともに変わるもののようですが、親や祖父母から教わったり、受け継いだ生活の「知恵」は、いつの時代でも応用が効きます。常識が非常識になることはいくらでもありますが、人の持つ知恵は過去から未来に向けて生き続けます。親にはまたその親から受け継いだ親の知恵があります。知識を授けること、知識の教育というものが学校というものの持つ役割であり、限界でもあるのです。としたならば、親が先生に変わって知識を授けようとするのではなく、親は自分が親から代々受け継いできた「知恵」を子に授け、それとともに知識を授けてくれる先生を親らしく、適切に援助する。それが親の役割ではないでしょうか。

それこそが、わが子への適切な援助につながることだろうと思います。まさしく、これこそが、「学校に子供を通わせる親」の知恵であろうと思います。私はここで「適切な援助」という言い方をしましたが、それは親の役割と言い換えてもよいのだろうと思います。

これこそが、「よき母親は百人の先生にまさる」ということばの具体的表し方、すなわち「具現」です。口唱法という知恵を知って使わないのはもったいないことです。

第五章

（7）記憶には忘却がつきもの。忘却を防ぐには【強化】が必要

「知識は時により、時代によって変わることがあるが、親から子へと受け継いだ知恵はいつの時代になっても変わらない」という話から、「知恵」の話になります。

徹底的に練習したことは大雑把に習ったことよりも長い期間記憶しているものだということは常識です。ですから、もう覚えてしまったと思っても、それでやめてしまってはダメです。勉強した後も繰り返し、繰り返し、復習するのがよいと知っていますから、まじめな中学生・高校生たちは試験間近になると夢中で勉強を始めます。

こうして一時ではあっても繰り返しの復習をすることを「強化」――「過剰学習」とか「超過学習」と呼んで「記憶を確かにする一つの方法」だと心理学ではいいます。ところが試験勉強などというものは、その時だけのものですから、せっかく頭の中に入った数々の知識が、試験が終わってすっかり使わなくなると、きれいに忘れてしまうものです。

完全にいつまでも覚えておかなければならない書き順の場合は、習った初期はた

くさん、そのあとは規則的に間をおいて練習しておくように、といいます。

口唱法には、子供がこれを自分の娯楽として活用できるというメリットがあります。口唱法で学んだ子供は、
○「したにおりたら　まがって　ぴゅう　そしてあとからよこにほん」は、なあんだ…（「も」）
○「ななめにのぼって　ななめにおりる」は、なあんだ…（「へ」）
○「てんをかき　たてぼうとちゅうでまわして　ぴゅう」はなあんだ…（「ら」）
といった具合に、勉強したばかりの文字を遊びの一部として使って楽しんでいます。

こうしたことができるのも「口唱法」という学習法だからであり、口唱法には子供のやる気を引き出させる秘密のひとつが隠されているのです。

子供が勉強だとは思わず、娯楽または楽しみのひとつとしてエンジョイしながら、唱え、口ずさみながら過剰学習をしているのです。それは、自らの学習の「強化」を図っていることなのです。

この「強化」というものは「忘却」という厄介なことと深いつながりがあります。心理学で有名なエビングハウスの忘却曲線というのがあり、そのグラフを見ると次

のようなことがわかります。

人間は20分たつと、覚えたことの48％を忘れてしまう。そして二日後には66％を、一週間後には75％、一か月後には79％を忘れてしまうというのです。だからといって、いつかはすっかり忘れて0になるかというとそうでもなく、ある程度、覚えていたことは一生忘れないのだそうです。

言い換えると、せっかく覚えた書き順でも、その日か次の日にはもうほとんど忘れてしまうし、次の日よりもその日、二週間目よりも一週間目のほうが忘却が著しい。時がたつにつれて忘却率は低くなるというのです。

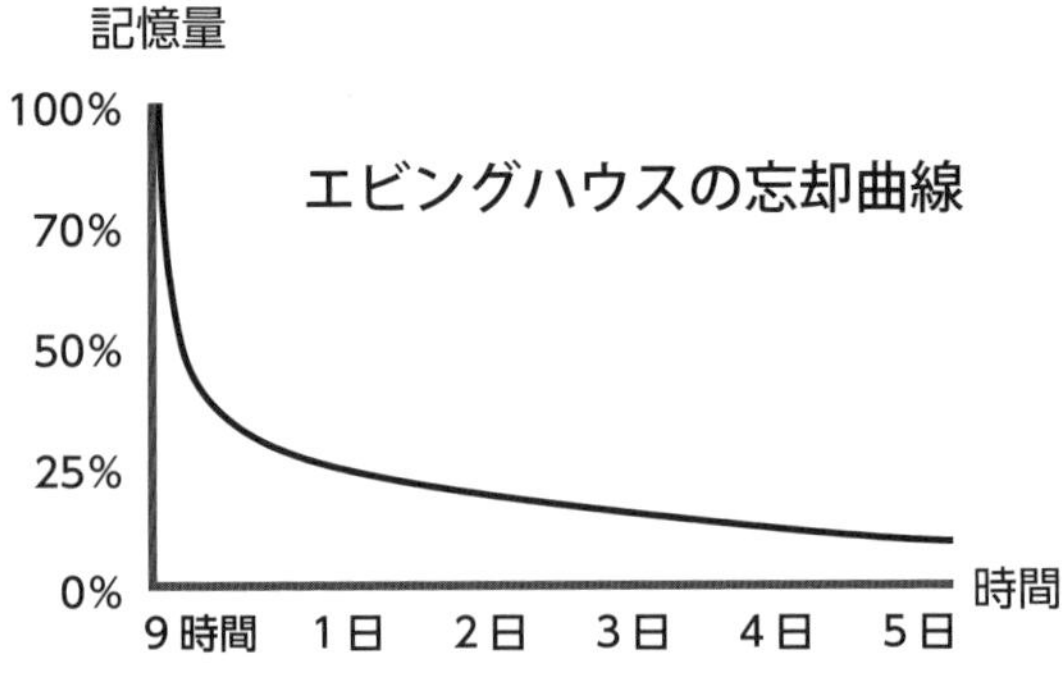

覚えた直後が一番忘れる率が高いというのですから、それならば、その忘れの一番激しい時期に、楽しみながらの過剰練習、すなわち復習ができればいいということがわかります。ところがそれが遊びたいがゆえになかなかできないのです。
そうしたとき、口唱法で練習した子供たちは、休み時間になると、
「したにおりたら　まがってぴゅう　そしてあとからよこにほん」……（「も」）

「ななめにのぼって　ななめにおりる」…（「へ」）

と、口ずさんでいます。口ずさむことによって、その字の字形を思い起こし、唱えながら頭の中で書き順通りに書いているのです。これが心理学でいう「強化」です。

本来、勉強は孤独な作業だといいますが、書き取りの勉強は友達と一緒にやる方がよく覚えます。「心的飽和」（飽き）の主な原因は、単純な繰り返し作業だからだといわれています。先生に強制されて、宿題として、ノートに一行ずつ、または五字ずつ、それをいやいや　やらされても効果はありません。

心理学の本には、勉強は他人の頭を使ってやれと書いてありました。

「ねえ、ねえ。康子ちゃん、〈ななめにのぼって　ななめにおりる――、ななめにのぼって　ななめにおりる〉って、なんだか知ってる？」

「……？」

「なあんだ、康子ちゃん、知らないの？　いい？〈ななめにのぼって　ななめにおりる〉……ほら、〈へ〉じゃ、ないのよ、ね」

「そうかあ、ほんとだ、〈へ〉だね」

「じゃ、もう一つ出すよ。〈ななめにおりたら　はんたいななめ〉は？」

第五章

「わかんない、〈く〉かな?」

「あたりぃ――そうだよ。わかるじゃん」

「じゃあね、〈よこぼうもちあげ　まわしてぴゅう　てんをつけたら　ななめぼう〉って、なぁんだ」……（「や」）

相手が知らないと、康子ちゃんは得意になって、地面に「いい?」といいながら、

（♪）よこぼう
（♪）もちあげ
（♪）まわして
（♪）ぴゅう
（♪）てんを
（♪）つけたら
（♪）ななめぼう

と唱えながら、書いて見せます。

や

一見、友だちに教えているように見えますが、実は、本人も知らない間に心理学でいうところの過剰学習、すなわち強化をやっているのです。まさしく他人の頭を

使って自分の勉強をやっているのです。

口唱法は結局、本人が知らず知らずのうちに楽しみながら忘却を防いで強化を図るような学習方法になっているのです。そしてこの例からもわかるように、口唱法には「書く」という行動の中に「口で唱える」という学習要素が入っています。口で唱えるためには意識の集中が必要です。その意識を「唱えながら書く」＝「行動する」という活動にかえて、すなわち「行動的思考学習」にしているのです。

(8) 口唱法は間違って覚えた字の修正が効く

「も」という字はどういう順序で書くでしょう。「よ」や「ほ」はどうでしょう。子供というのは思わぬ書き方をするものです。書かせてみると二通りの書き方に分かれます。

次に示すのは、子供の書く「も」の書き順の二種類です。

① 「し」を書いてから「よこ二本」を書く。
② 「よこ」「よこ」を書いてから「し」を書く。

どちらの書き方をする子供が多いかというと、もちろん、正しい書き順の①の書き方をするものが多いのですが、それでも②の「よこぼう」を二本書いてから「し」を書く子供が20％くらいはいるのです。これは「よ」でも同じような割合です。「よ」の場合は「たてのしりふり」を先に書いてから「よこぼう」をつけるといった誤りの書き方です。

現在、学校教育のなかでは「も」の書き順は「しもも」の順を教えていますが、これを口唱法では次のように唱えながら書かせています。

「も」…したにおりたら　まがって　ぴゅう　そしてあとから　よこ　にほん

御承知のように書き順というのは、間違って覚えてしまうとその間違いが大人になっても引きずっていて直らないといいます。それほど間違いの修正は困難なもののようですが、そんなとき、口唱法が特効薬になるのです。

こうした子供の場合、まず初めは大きな声で唱えさせましょう。数回唱えてから鉛筆を持たせましょう。その唱えのときタンバリンでもカスタネットでもあれば使いたいものです。なければ手をたたいてやりましょう。

「したにおりたら　まがってぴゅう　そしてあとから　よこ　にほん」、

「したにおりたら　まがってぴゅう　そしてあとから　よこ　にほん」
こうして唱えさせますと「そうか、ぼくは　ここが間違っていたな」と気づきます。

ところが早く覚えた子供は特にそうですが、間違って書いていた期間が長いですから、「二」を書いてから「し」を書く習慣が身についています。口では「したにおりたら…」といいながらも手は勝手に「二」に行こうとしているのです。そうして、口が「したにおりたら……」というものですから「オットトット…」というわけで、手が「し」のほうに戻って、修正するのです。

漢字についてもこうしたことは多く起こります。「何」という字は大人でも間違って書く人が多いようです。どう間違うかというと「イ」の次に「可」を書くのですが、この「可」の部分、「よこぼう」を書いてから、その次を「口」を書く人と、「たてぼうはねる」を書く人に分かれるのです。あなたはどちら派ですか。

何

指で掌にでも書いてみてください。間違っている人は、「イ・一・亅はねで・口」という順だと覚えています。というより手が勝手に「たて跳ね」に行ってしまうのです。習い癖です。そこでこうした人には、例のように、手拍子を打ってやりながら、

「にんべんに　よこいち　くちで　たてはねる」、
「にんべんに　よこいち　くちで　たてはねる」
と唱えさせるのです。そうして、ゆっくり「にんべんに～」「よこいち、くちで」「たてはねる」と書かせるのです。このとき「口で」を強く言うとよいと思います、「イ《にんべん》に　よこいち　口で～」と口が言いますので、たてぼうのほうへ行きそうになっていた手（指）が「いけない！」と思って、あわてて修正して「口」を書きに行きます。

これを数回繰り返すと完璧です。口唱法は正しい書き順へ口と手が導いてくれます。矯正するときは、自らその気になって正しい方へと改めるというとき、最大の効果を発揮します。自分の口で唱えながら頭の中で意識を集中し、正しい書き順に従って書けるようになればこんな良いことはありません。

頑固に間違った書き順が定着してしまった子供でも、口唱法で唱えながら大きな字でおよそ5回から10回くらいも書かせると直るようになります。よく、小学校の先生方が「口唱法は書き順を間違って覚えた子の修正のさせ方に効果が大だ」と喜んで報告をくださいます。

(9) 口唱法の真価は漢字学習で発揮される

口唱法というもののあらましがお分かりいただけてきたと思います。しかし、口唱法の真価というものは、平仮名や片仮名よりも字数の多い漢字でより効果的に発揮されます。なんといっても小学校で学習する漢字の数は1006字。(※2020年から増やそうという動きもあります) いろいろなタイプの漢字が混ざっています。

子供たちがお気に入りのものの一つに「ソ一ノ目」(そいちのめ)と「一ノ目ハ」(いちのめは) というのがあります。

「ソ一ノ目」は「首」という字ですが、これに「辶」(しんにょう)をつけて「ソ一ノ目に辶」とすると「道」という字になります。その「ソ一ノ目」に似ているのが「一の目ハ」、すなわち「頁」(部首名・おおがい)です。

○　よこ　たてはねて　一ノ目ハ……頂
○　一口　ソ一　一ノ　目　ハ……頭
○　米に　大きい　一　ノ　目　ハ……類

第五章

○　三本川に　一　ノ　目　ハ……順
○　よこ一に　ノをつけて　たて　日に　小で　一　ノ　目　ハ……願
○　てん一　ソ一　ノを書いて　ノが三つで　一　ノ　目　ハ……顔
○　日　一　たて　よこ　人を書き　右に大きく　一　ノ　目　ハ……題
○　ひとやね　チョンで　マを書いて　右に大きく　一　ノ　目　ハ……領
○　かなのマ・フ書き　たてはねて　右に大きく　一　ノ　目　ハ……預

まるでクイズだと思いませんか。「一　ノ　目　ハ」が「頁」の形だとわかっている子供には今まで自分の頭の中に雑多に入っていた漢字の中から、これらの字をピックアップして頭の中を整理し始めます。こうして並べてみて、新たに「一ノ目ハ」というのは漢字の旁（つくり・右側）になっていて活躍していることに気づき、新鮮さを覚えて大喜びします。

これまでの学校での漢字の教え方で、このように自分の脳細胞を働かせ、刺激を与え、勉強とも思わないで学習意欲がかきたてられるような教え方があったでしょうか。ご承知のように、これまでの漢字の書き順の示し方には、およそ五つの方法がありました。（37ページ参照）

第五章

これらの書き順の示し方には共通した欠点があります。画数の少ない字にはある程度応用できますが、画数が五画以上になると無理が生じます。平仮名、片仮名はほとんど四・五画で収まりますが、漢字の場合は四画ぐらいで収まる字はいくらもありません。教育漢字は全体で20画まであり、その20画の字は（議・競・護）の三字です。総計１００６字の教育漢字の中で、全体が四画ほどで収まる漢字はたったの81字、８％です。（一画……1字、二画……10字、三画……24字、四画……46字）教育漢字で最も多いのは十画、十一画くらいの漢字です。

⑽ 下村式導入のための運筆授業サンプル

これは、下村式の書き方指導の導入に行う特別なもので一年生の漢字の授業です。基礎の基礎という大事な内容になりますが、文字の勉強に、音楽で使うタンバリンが初めて登場するなど、子供にとってはびっくりで、面白い授業になります。ためしてみてください。

第五章

先生「きょうからいろいろな文字の書き方の勉強をしますが、先生の教え方はちょっと変わっています。こんなものを使います。」

隠していたタンバリンをとり出します。

先生「何というものか、知っていますか？」
児童「タンバリン？」
先生「そう、音楽の時間に使うタンバリンという楽器です。先生はこれで、みんなに字を教えることができます」
児童「えーっ？」
先生「では、やってみましょうね。」

図1

かに
さん
ある
いた
じょう
ずに
よこ
ぼう

図2

かに　一
さん　一
ある　一
いた　一
じょう　一
ずに　一
よこ　一
ぼう　一

【かに　さん　ある　いた　じょう　ずに　よこ　ぼう】と、横棒のとなえかたを図1のように板書します。

先生「♪かに　さん　ある　いた　じょう　ずに
よこ　ぼう」

二、三回ゆっくりとみんなで、となえさせます。次に、始筆と終筆をきちんと押さえることを説明します。

先生「はい、鉛筆を持って。ノートに一緒に書いてみましょう。
「♪かに　さん　ある　いた　じょう　ずに
よこ　ぼう」

図3

きた
かぜ
ぴゅう
ぴゅう
なな
めに
ぴゅう

図4

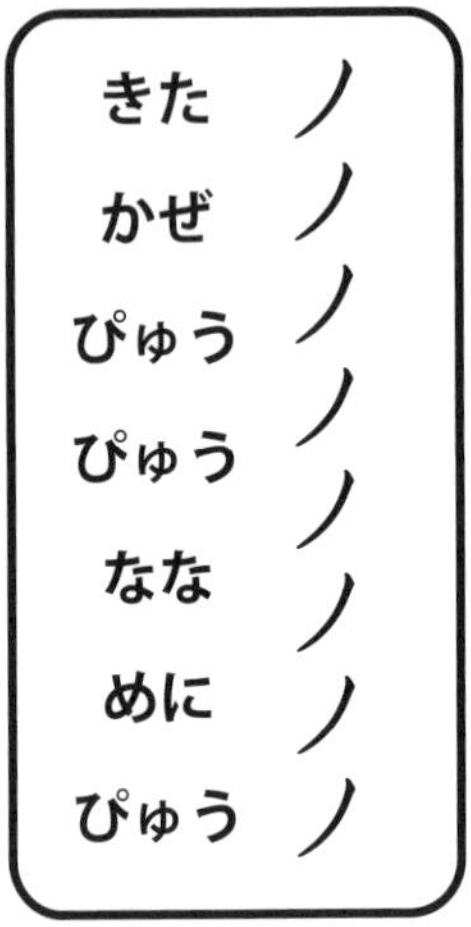

となえながら、横棒を書かせます。

先生「できたかな、じゃあ、次はこんなのです」

左払いのとなえ方を板書します。（図3）

先生「♪きた　かぜ　ぴゅうぴゅう　斜めに　ぴゅう」

タンバリンをたたいてとなえながら、左払いを文字の横に板書します。（図4）

先生「では、みんないっしょにやるよ。鉛筆を持って」
「♪北風　ぴゅうぴゅう　斜めに　ぴゅう」

図5

ゆっくりと、タンバリンを叩きながらとなえて何度か左払いを練習させます。すうっと払うのがポイントです。

先生「これを左払いといいます。じゃあ最後にもうひとつやるよ。こんなのですよ…」

「♪うえから　すべって　すうっと　おきる」

同じ要領で、となえ方の横に、右払いを板書してみせたのち、となえて練習させます。

右払いは、「すうっとおきる」というところで、すべり台で滑り終え、着地の際に立ち上がる動作をイメージさせて、「右払い」の要領を学習させます。

将来覚える「木」などの筆遣いにも関連しています。（図5）

何回か、右払いを練習したところで…。

図６　大のとなえかた

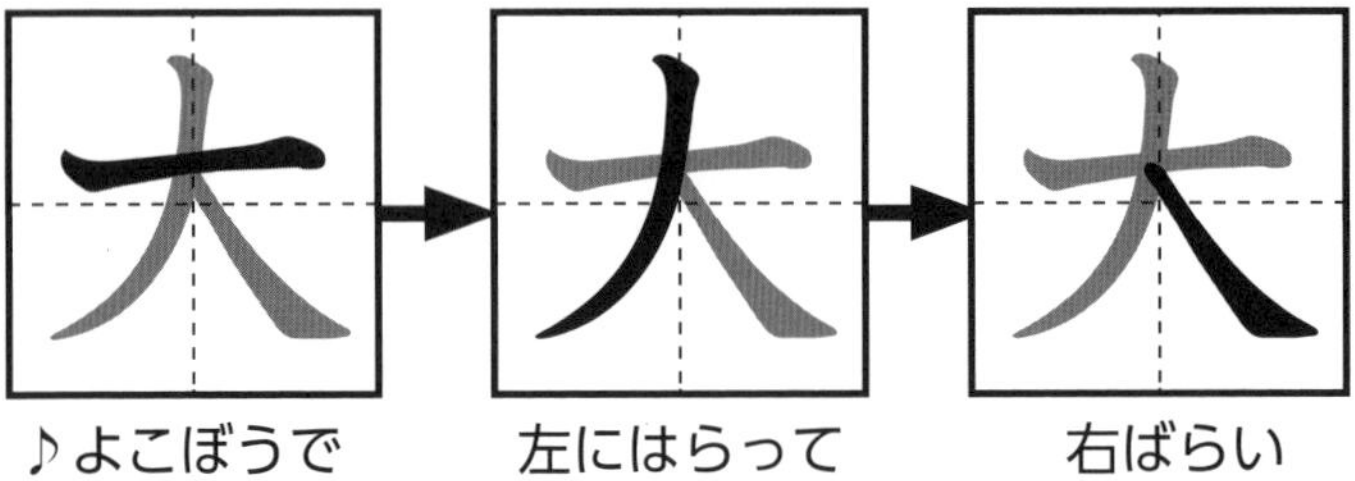

先生「じゃあ。今日覚えた方法で漢字を書いてみましょう。今度はとなえ方が違うよ。大きいという字を書いてみましょう」

「♪横棒で　左に払って　右払い」

タンバリンを叩いて、となえながら「大」を板書する。図６を見てください。なんどかみんなでとなえます。

先生「では、みんなで書きましょう。鉛筆を持って」

「♪横棒で　左に払って　右払い」

「はい、大きいという字がかけました！」

第五章

あわせて以下のような書き方のポイントを説明します。

❶ 横棒は、終筆をきちんと止める。

❷「左に払って」は、始筆からいきなり左払いさせないで横棒を通過してから、徐々に払うようにする。

私の教室では、ひらがなの指導から、下村式の口唱法で文字指導をおこなっていましたので、とめ、はね、はらいなどの運筆についてはすでに、子供達が慣れていましたが、漢字の学習に入ってから口唱法を取り入れる場合は、ここで解説したように、最初に一画ずつを丁寧に教えることも重要です。以下に他の点画についてのとなえかたをあげておきますので、これを参考に、漢字を学習しながら書き方の指導もしてください。

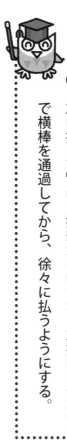

たてぼう

あめ あめ ふれ ふれ ざあ ざあ たて ぼう

よこはね

ほうきで しゅっ
はいたら しゅっ
きれいに しゅっ
おそうじ しゅっ

たてはね

ボールが しゅっ
はねたよ しゅっ
どこだろ しゅっ
あっちだ しゅっ

たてまげはね

おさかな つろう
たてまげ はねる
おおきな つりばり
たてまげ はねる

口唱法では、となえ終わったときに、その一画、あるいは一字が書き終わるようになっていますので、**ゆっくりとなえれば、ゆっくり手が動くという利点があります**。必ずとなえながら書かせましょう。ゆっくりとなえると、大きく、はっきり書くことができますし、**早くとなえると、手の動きが速くなります。子供の習熟の進度によって、となえる早さを変えましょう。**

また、となえ方は、リズミカルに楽しく行ってください。遊びのような感覚で練習が出来るので、子供達は文字の学習を楽しんで行うことができます。

第六章

平仮名の唱え方と教え方のポイント

平仮名の唱え方参考例と書き方のポイント

さて、いよいよ、お待ちかねの平仮名の唱え方です。平仮名の「あいうえお」46文字の一字一字についてサンプルとして、唱え方、すなわち〈唱えて覚える口唱法〉と、書かせるときの字の形のとり方の〈教え方のポイント〉とを載せておきます。

以下
①「ぴゅう」は「払う」
②「しゅっ」は「跳ねる」
③「とん」は「止める」

〈唱えて覚える口唱法〉

よこぼうかいて　たてそって　ななめでもちあげ
まわして　ぴゅう

〈教え方のポイント〉

①一画の〈よこぼう〉は、やや右上がりに書く。
②二画の〈たて〉は、中心線より右側に曲がりこまないように注意する。
③三画の〈まわして〉が、一画に近づきすぎないようにする。
④下方を広くして、安定感を持たせる。
⑤払いの〈ぴゅう〉は、中心線を越えないように。

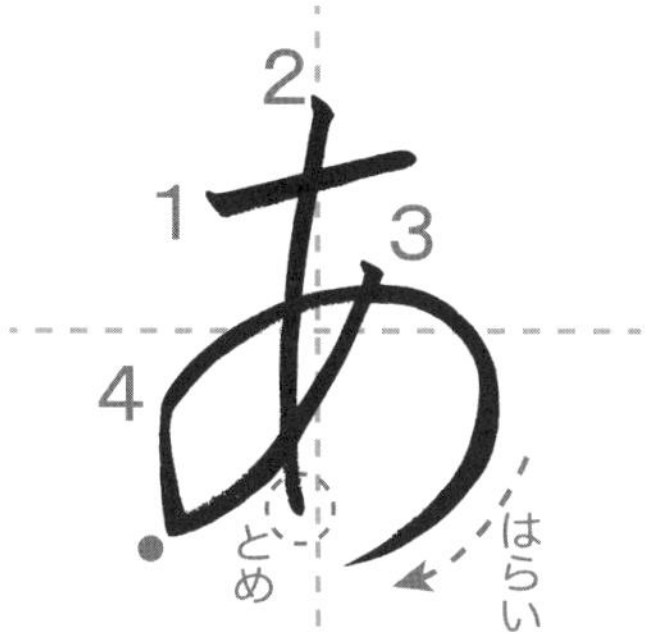

〈唱えて覚える口唱法〉　ななめで　しゅっ　むかいに　とん

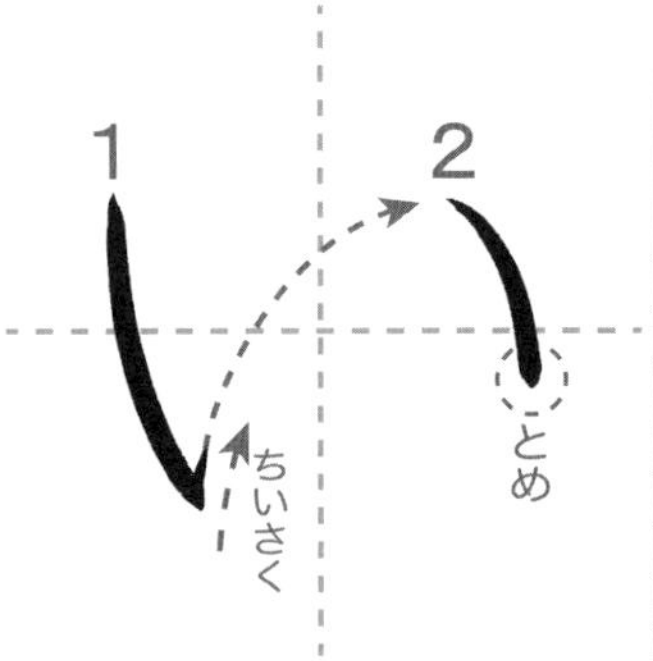

〈教え方のポイント〉

①一画の〈ななめ〉は長く、跳ねは小さくする。
②一画の書きはじめと、二画の書きはじめの高さはほぼ水平にする。
③二画は短く、〈とん〉でしっかり止める。
④「( )」でなく、むしろ直線的に書き、一画と二画の間を広くする。

〈唱えて覚える口唱法〉　てんうって　よこぼうもちあげ　まわして　ぴゅう

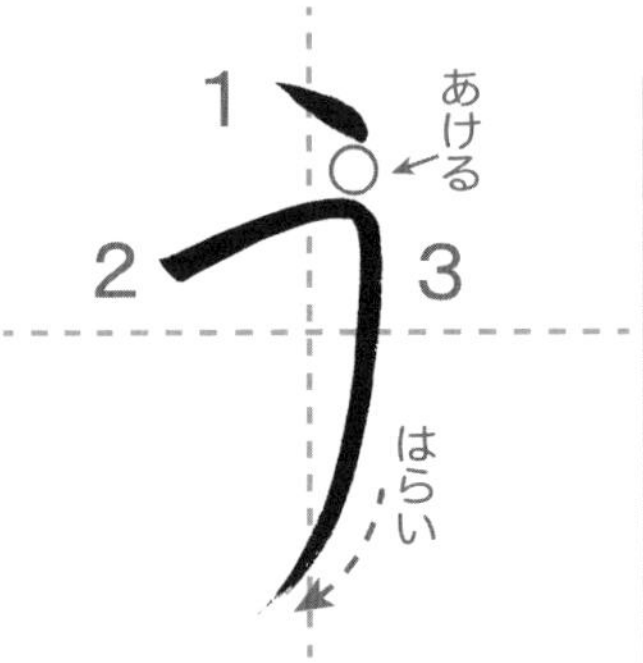

〈教え方のポイント〉

①一画の〈てん〉はななめに書く。
②二画の〈よこぼう持ち上げ〉はやや右上がりに書き、〈まわって〉は折れずにやや丸みをつける。
③たてに引く部分は直線で、後半は真下に引くような気持ちで〈ぴゅう〉と左に払う。
④払った先は、中心線ぐらいまでにする。

〈唱えて覚える口唱法〉

てんうって　よこかき　ひっぱり　もどして　くるん

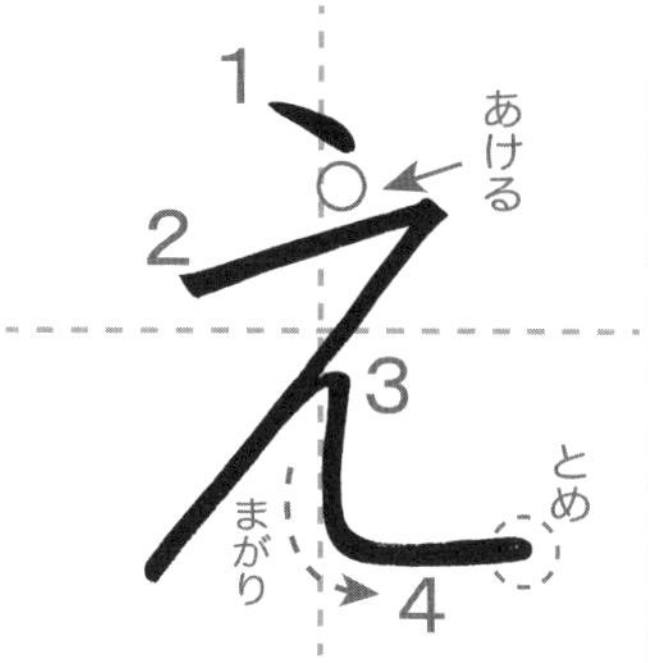

〈教え方のポイント〉

①〈てん〉はななめにかく。

②二画の〈よこかき〉は右上がりで、〈ひっぱり〉で折れて左下に長く引く。

③〈もどして〉は、〈ひっぱり〉の真ん中ぐらいまでもどるように折れて〈くるん〉で真下におろし、曲がりをつけて真横に引き、止める。

④下方を広くして、安定感を持たせる。

〈唱えて覚える口唱法〉

よこをかき　たてぼうおろして　もちあげて　ぐるっとまわして　てんつける

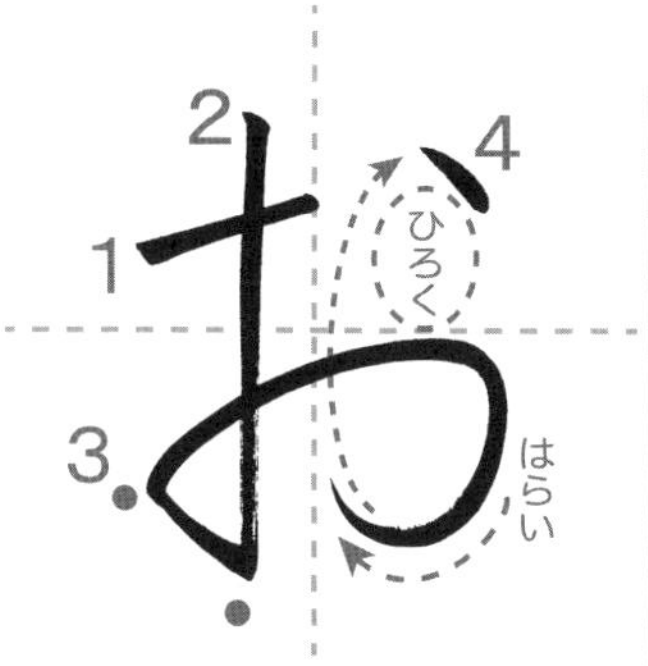

〈教え方のポイント〉

①一画の〈よこ〉はやや右上がりに書く。

②〈たてぼう〉は中心よりも左側に長く引く。

③〈もちあげ〉の三角部分は小さく作り、〈ぐるっとまわして〉で大きく伸びやかに書く。

④最後の〈てん〉は、一画の延長線上に遠くななめに打つ。

〈唱えて覚える口唱法〉

よこぼうまわって　はねたら　ななめ
そして　おわりは　かたに　てん

〈教え方のポイント〉

①一画の〈まわって〉は中心線上で左下に曲がり、跳ねは小さめに書く。
②二画の〈ななめ〉は、一画のたて画に平行になるように引く。長くなりすぎないこと。
③三画の〈てん〉は二画から遠く離して打つ。
④〈てん〉は打つ位置に注意し、短すぎないよう、ななめにしっかりと打つ。

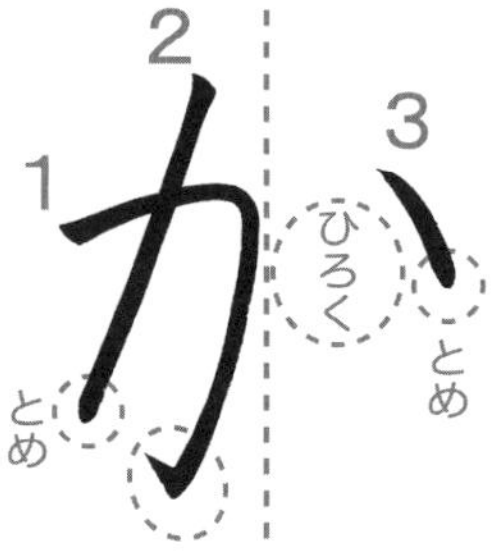

〈唱えて覚える口唱法〉

よこにほん　ななめで　しゅっ　すくって　とん

〈教え方のポイント〉

①〈よこ二ほん〉の一画は、やや右上がりに書く。
②二画は一画よりやや短めに右上がりに書く。
③三画は、右下への角度に注意し、跳ねは小さめにする。
④四画の〈すくって　とん〉は、三画の〈しゅっ〉より右に出ないように止める。
⑤全体の字形は長方形なので、長方形の中に、安定よくまとめる。

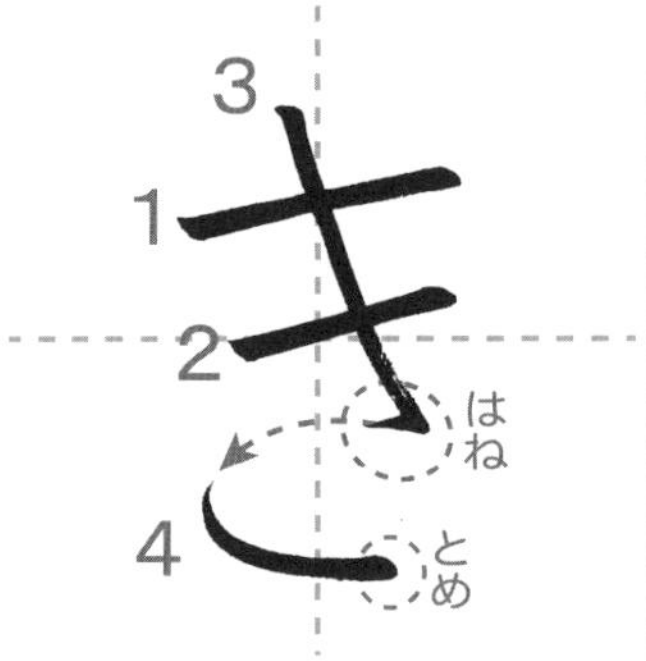

〈唱えて覚える口唱法〉

ななめに　おりたら　はんたい　ななめ

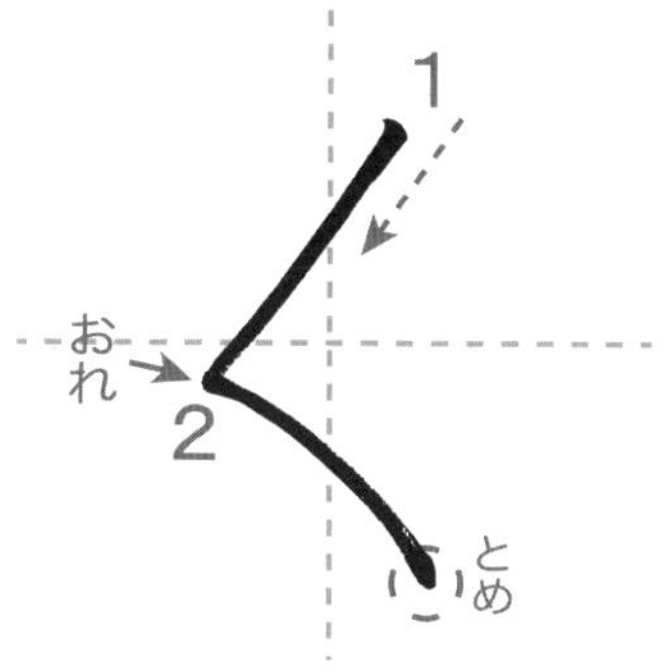

〈教え方のポイント〉

①中心線の右側から書きはじめ、書きおわりは書きはじめの位置よりやや右側に出るくらいの位置で、しっかり止める。

②折れる角度は、九〇度をこえるように。

③〈はんたい　ななめ〉は上方よりもやや長めに書くこと。

〈唱えて覚える口唱法〉

たてぼう　しゅっ　よこぼう　かいて
たてぼう　ぴゅう

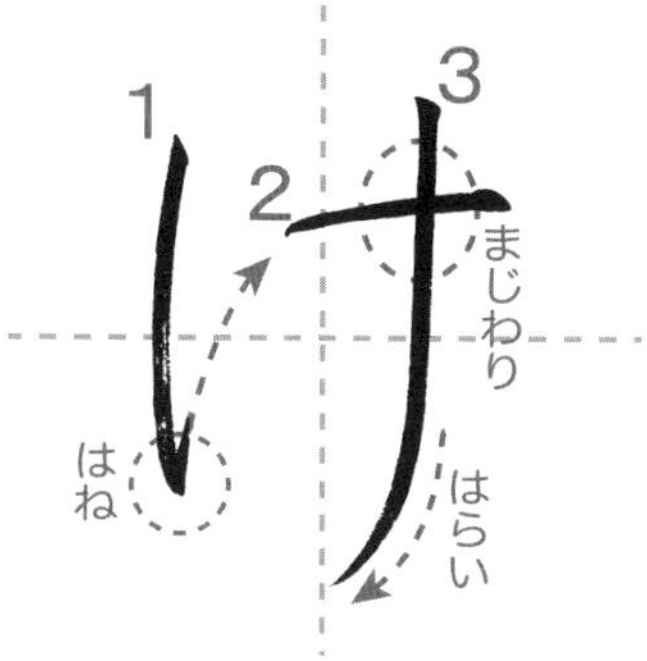

〈教え方のポイント〉

①一画の〈しゅっ〉は小さくはねる。

②二画の〈よこぼう〉は、中心より右側に水平に引く。

③三画の〈たてぼう〉は長く、〈ぴゅう〉は中心線を越えないように。

④一画と三画の空間を広くとること。

第六章

〈唱えて覚える口唱法〉 よこぼう しゅっ すくって とん

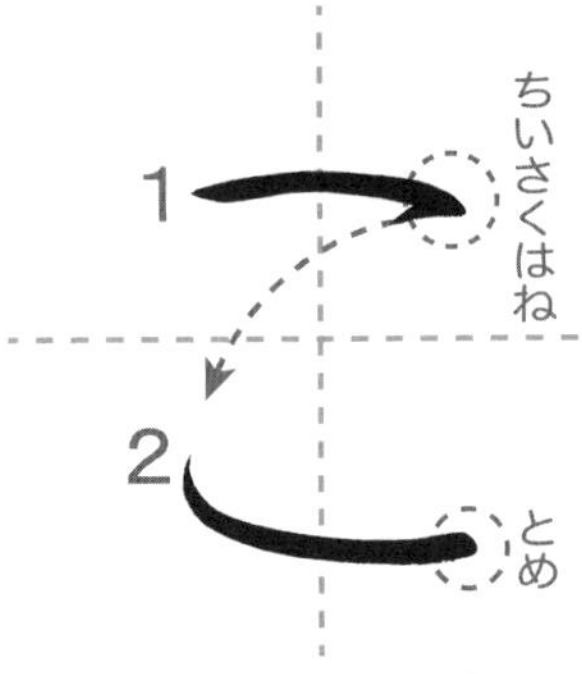

〈教え方のポイント〉

①一画の〈よこぼう しゅっ〉は小さく跳ねる。

②二画は一画の跳ねを受ける気持ちで、一画よりもやや長めに書く。

③上、下の画とも、中心線から左右が同じ長さになるよう注意。

④あまり、直線でも曲線でもよくない。

〈唱えて覚える口唱法〉 よこぼうに ななめで しゅっ すくって とん

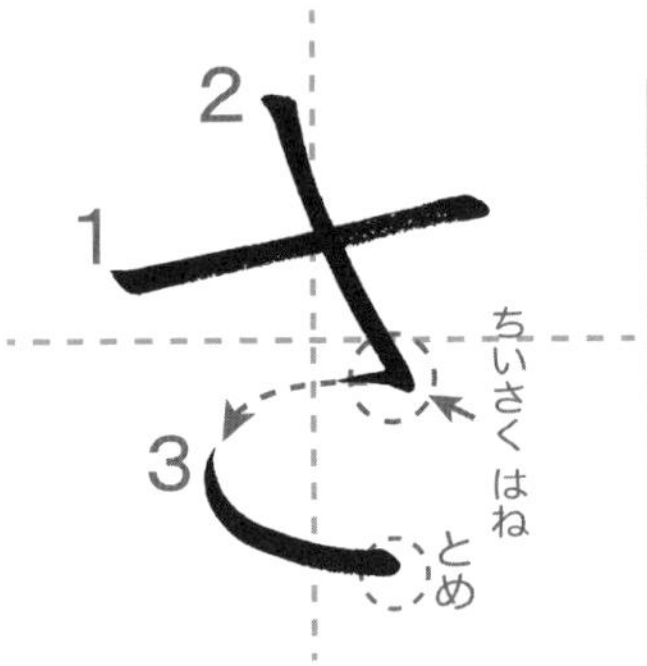

〈教え方のポイント〉

①一画の〈よこぼう〉は右上がりで、中心線から左右の長さが同じになるようにする。

②二画の〈ななめ〉は小さく跳ねる。

③三画の〈すくって とん〉の止めの位置は二画の跳ねより右側に出ないこと。

④概形は丸形です。その中に安定よく入れること。

〈唱えて覚える口唱法〉

ゆっくりと　たてぼうおろして　まがって　ぴゅう

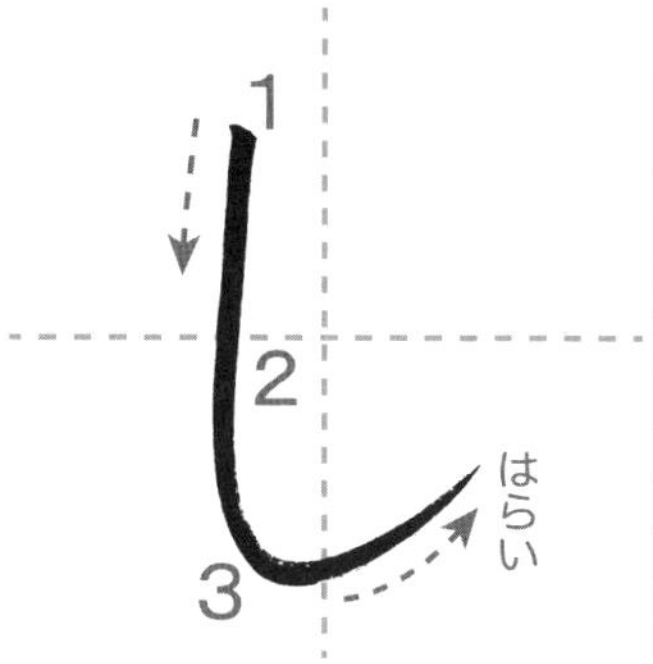

〈教え方のポイント〉

①書きはじめの位置は中心より左。まっすぐ下に長く引いて曲げる。
②〈ぴゅう〉の払いの方向に注意する。
③たての部分〈たてぼうおろして〉を長く書くこと。

〈唱えて覚える口唱法〉

よこながく　たてぼうとちゅうで　まるめて　ぴゅう

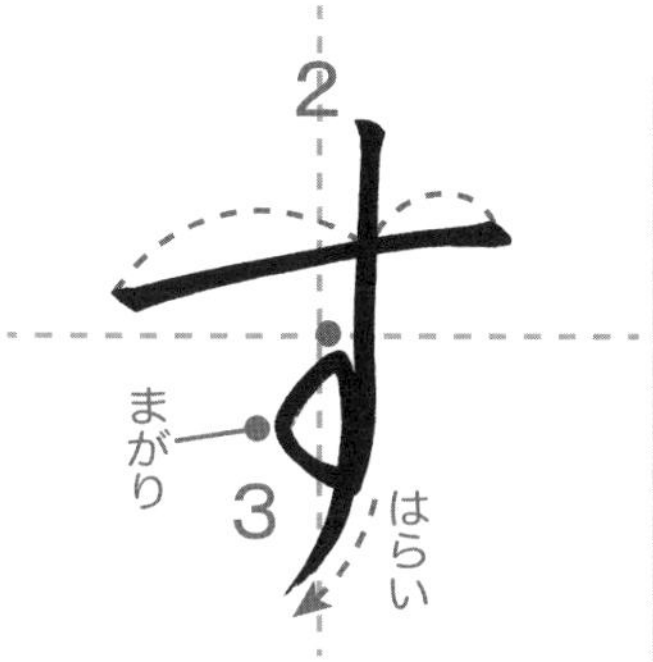

〈教え方のポイント〉

①一画の〈よこながく〉はやや右上がりに長く書くこと。
②〈たてぼう〉は一画の中心より右の位置で交わるようにする。
③〈まるめて〉は円ではなく三角形のつもりで結ぶ。
④結んだあとの払い〈ぴゅう〉は左下方向に。長くなりすぎないように注意する。
⑤漢字の「寸」の草書を頭において書くとよい。

〈唱えて覚える口唱法〉

よこながく　みじかいたてはね　たてまげ　とん

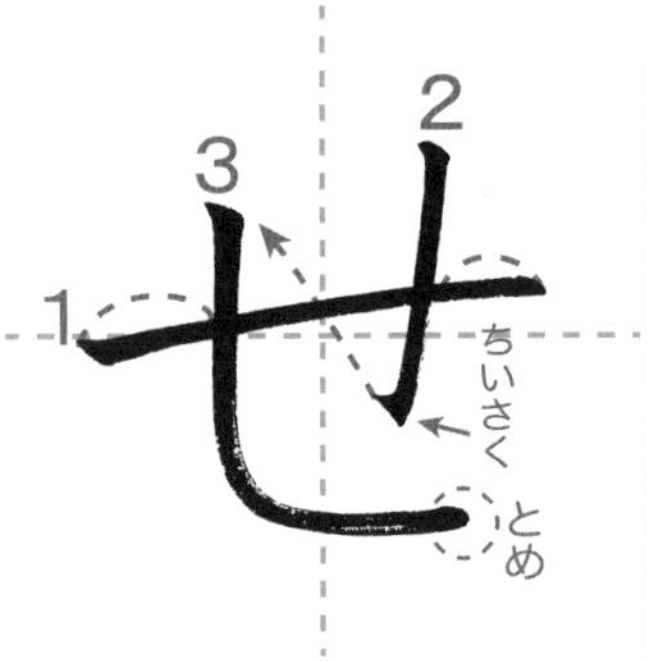

〈教え方のポイント〉

①一画の〈よこながく〉はやや右上がりに、長く書くこと。
②二画の〈みじかいたて〉は高い位置からやや左下に下ろす。
③〈たてまげ　とん〉は真下に下ろして、曲がって真横に止める。
④よこ画に交わるたて画の位置に注意。

〈唱えて覚える口唱法〉

よこぼうで　ひっぱり　よこかき　そっくりかえる

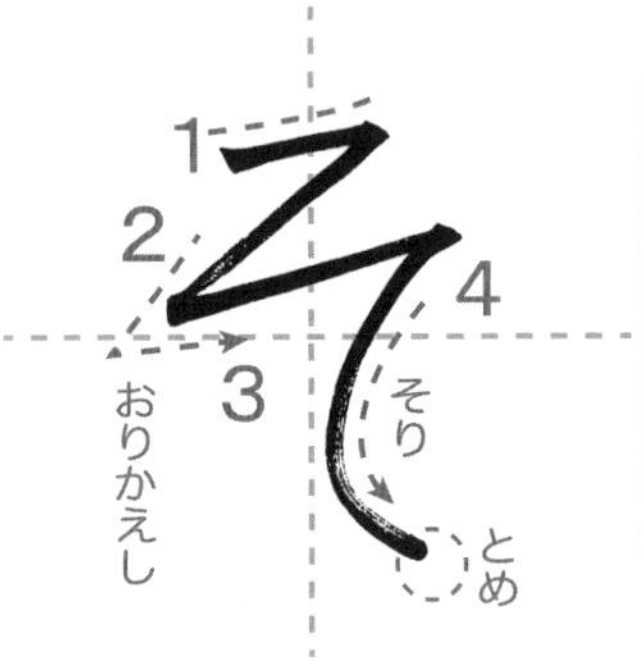

〈教え方のポイント〉

①深い折れ返しの連続でとても難しい字。
②二本の横線は右上がりぎみに。長さに注意すること。
③〈そっくりかえる〉の反りから止めまでは長く、中心線の右側におさめるように書く。
④下部は、上部とは逆にすっきり伸びやかに書く。
⑤折れ返しの部分は画の一部分を重ねるように書く。

〈唱えて覚える口唱法〉

よこぼうかいたら　ななめぼう
よこいって　しゅっ　すくって　とん

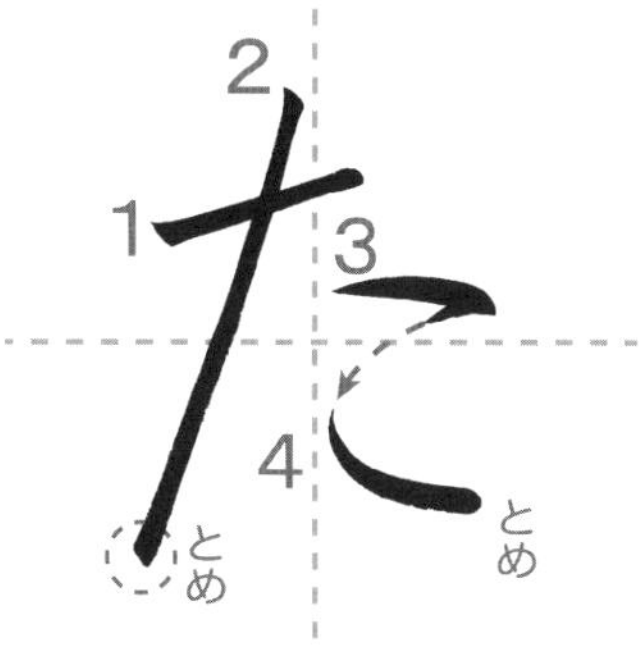

〈教え方のポイント〉

①一画の〈よこぼう〉は右上がりに短く書く。
②二画の〈ななめぼう〉は長く、一画との交わる点が一画の左側にいかないようにする。
③四画の〈すくって　とん〉の書き始めは、三画の跳ね〈しゅっ〉を受けるようにする。
④四画は大きくなりすぎないこと。〈とん〉でしっかり止めること。

〈唱えて覚える口唱法〉

よこぼうに　たてぼう　とちゅうで
まわして　ぴゅう

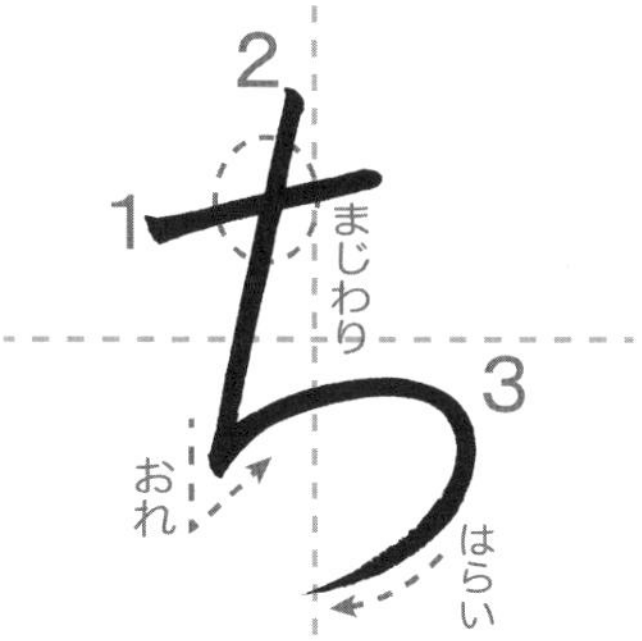

〈教え方のポイント〉

①一画の〈よこぼう〉は右上がりに短く書く。
②二画の〈たてぼう〉はやや左下に長く引く。
③折れたあとの〈まわして　ぴゅう〉のところは、円形にならないように払う。また、長くなりすぎないように方向に注意して大事に払う。

第六章

〈唱えて覚える口唱法〉

ゆっくりと　よこぼうもちあげ　まわして　ぴゅう

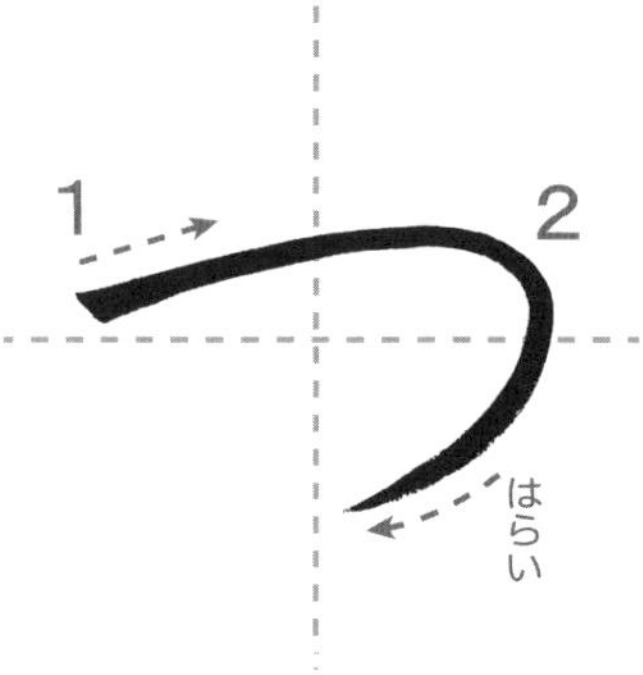

〈教え方のポイント〉

①書きはじめからやや右上がりに長く引く。
②〈まわして〉で、丁寧に曲げる。
③〈ぴゅう〉は左斜め下に向かって払う。
④払いの長さは中心線くらいで終える。

〈唱えて覚える口唱法〉

よこぼうで　したにおおきく　そっくりかえる

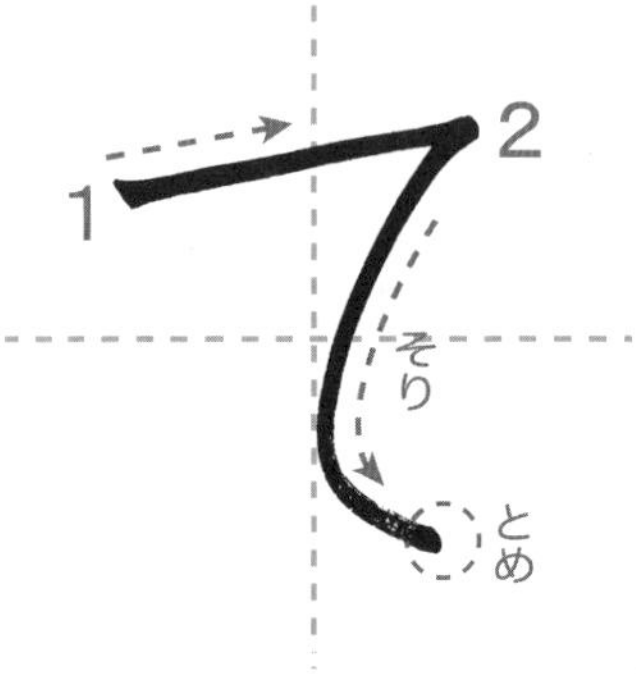

〈教え方のポイント〉

①〈よこぼう〉は右上がりに引き、折れる。
②〈そっくりかえる〉の反る部分は長く書く。また、反りは中心線くらいまで止める。
③書き終わりの「とめ」は、折れた地点より右側に長く出ないこと。

〈唱えて覚える口唱法〉

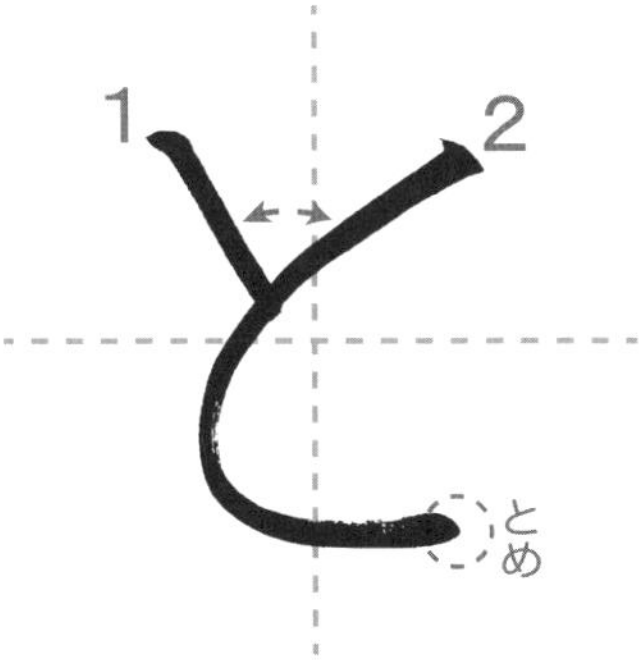

みじかくとん　ななめにおりたら　まわして　とん

〈教え方のポイント〉

①一画と二画は九〇度くらいで接する。一画の方向が大切。
②二画は曲がったあとほぼ水平に右に引き、最後は止める。
③止める位置は二画の書きはじめより、右に出ないようにする。

〈唱えて覚える口唱法〉

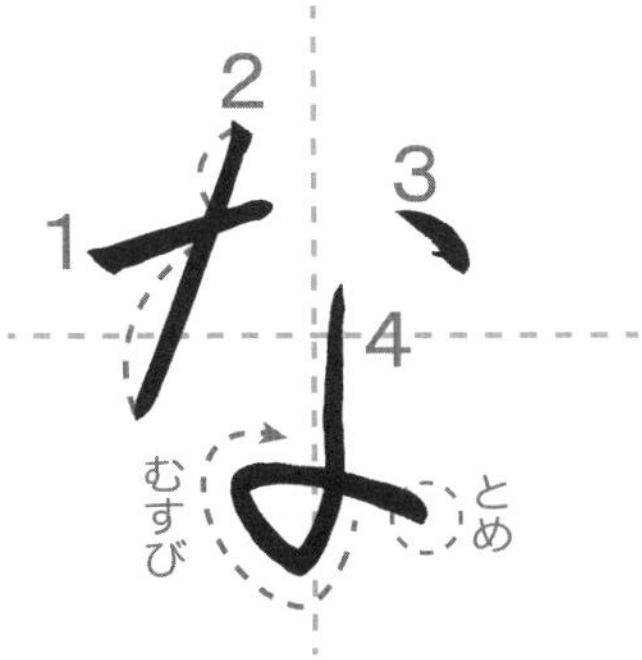

よこぼうに　みじかいななめで　てんうって　たてのしりふり　たまごがた

〈教え方のポイント〉

①「よこぼう」は短めに、やや右上がりに書く。
②二画の〈みじかいななめ〉は一画の右側で交わり、下方を長くする。
③「てん」は大きめに、一画の書き終わりの高さから、ななめに引く。
④〈たてのしりふり〉から結びの〈たまごがた〉は三角おむすびのようにつくる。
⑤全体の概形を菱形の中に、安定よくおさめる。

〈唱えて覚える口唱法〉

たてぼう　しゅっ　よこいって　しゅっ
すくって　とん

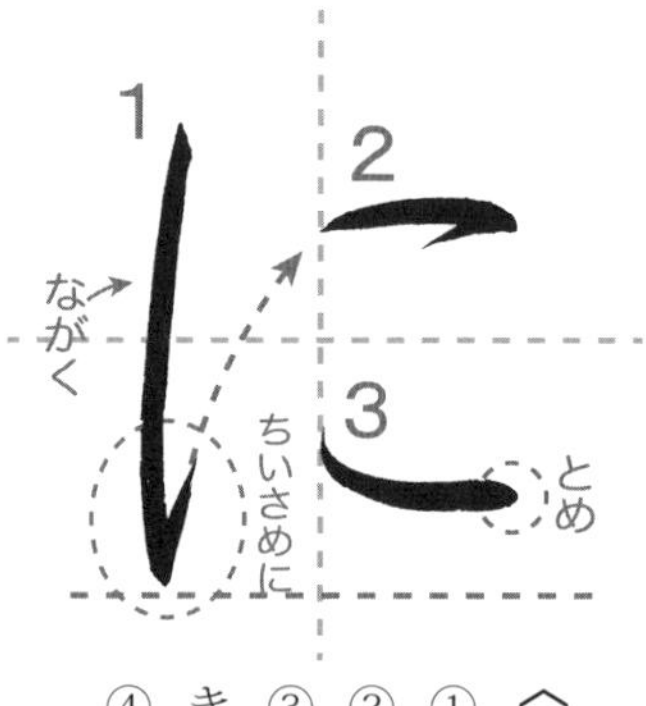

〈教え方のポイント〉

①〈たてぼう〉は長めに、跳ねの〈しゅっ〉は小さめに書く。
②二画の跳ね〈しゅっ〉も小さめに書く。
③三画の〈すくって〉は二画の〈しゅっ〉を受けるつもりで、書き終わりは〈とん〉で止める。
④二画と三画の「こ」の部分を一画の〈たてぼう〉に近づけないこと。

〈唱えて覚える口唱法〉

みじかいななめで　はんたいななめ
もちあげ　まわして　たまごがた

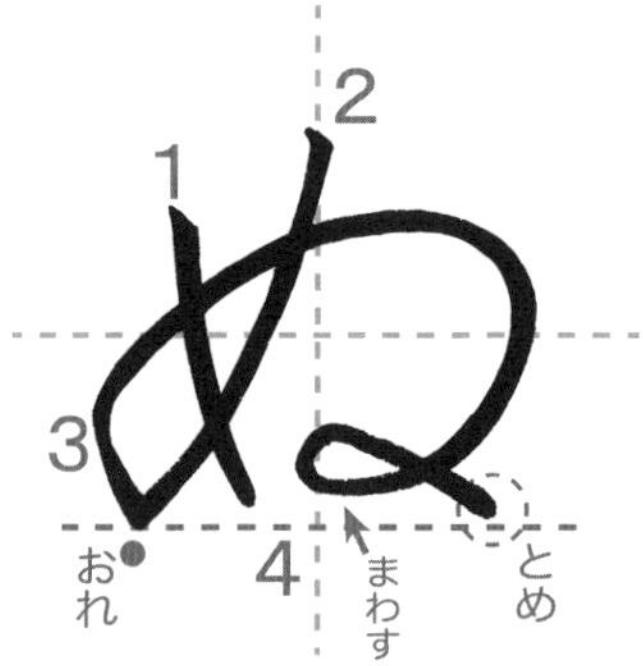

〈教え方のポイント〉

①一画の〈みじかいななめで〉の書き終わりは、しっかり止める。
②〈はんたいななめ〉で折れたあとの、〈もちあげ　まわして〉は大きく書くこと。
③結びの〈たまごがた〉は中心線より右側に書き、しっかり止める。
④下方は一直線上にのせ、安定感を持たせる。

〈唱えて覚える口唱法〉

たてぼうで　よこかき　ひっぱり　まわして　たまご

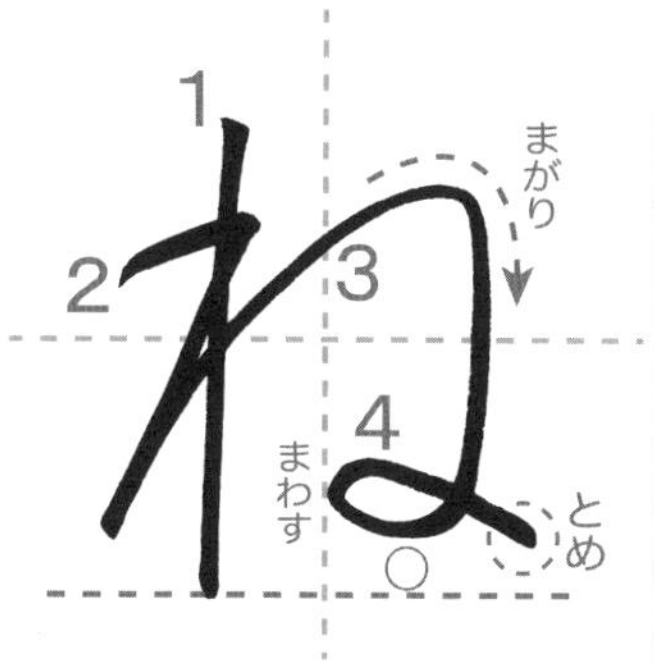

〈教え方のポイント〉

①一画の〈たてぼう〉は左側に長く書く。
②〈よこかき　ひっぱり〉は小さめに折れる。
③〈まわして〉で一画の右側を大きく書き、曲がった後は真下に引くつもりで書く。
④結びの書き終わりは一画の〈たてぼう〉の書き終わりより下方にならないようにする。

〈唱えて覚える口唱法〉

ななめで　もちあげ　まわして　ぴゅう

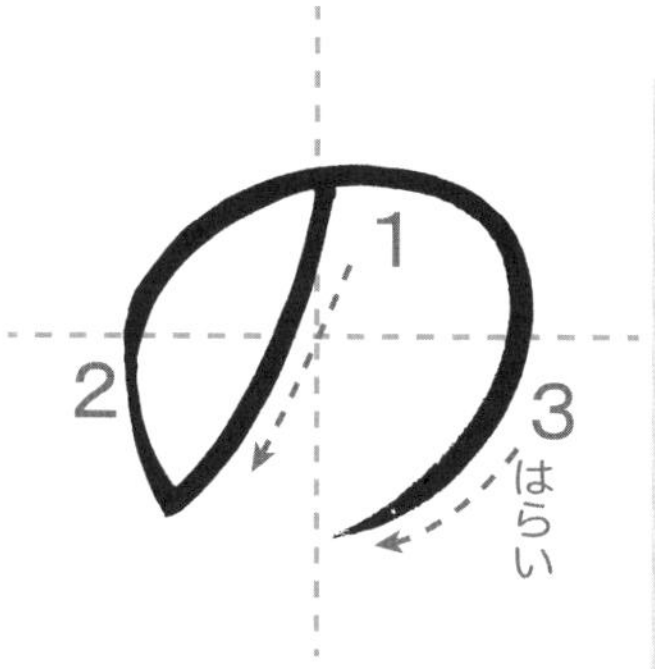

〈教え方のポイント〉

①〈ななめで〉の書きはじめは中心線からはじまる。
②ななめの角度と長さが大切で、書きはじめから折れまでは手前にややふくらみを持って書く。
③折れてからはおおらかに持ち上げて、大きく回す。
④払いの〈ぴゅう〉は、中心線に向かって、折れの点よりやや下方に払う。

〈唱えて覚える口唱法〉

たてぼう　しゅっ　よこをかき
たてのしりふり　たまごがた

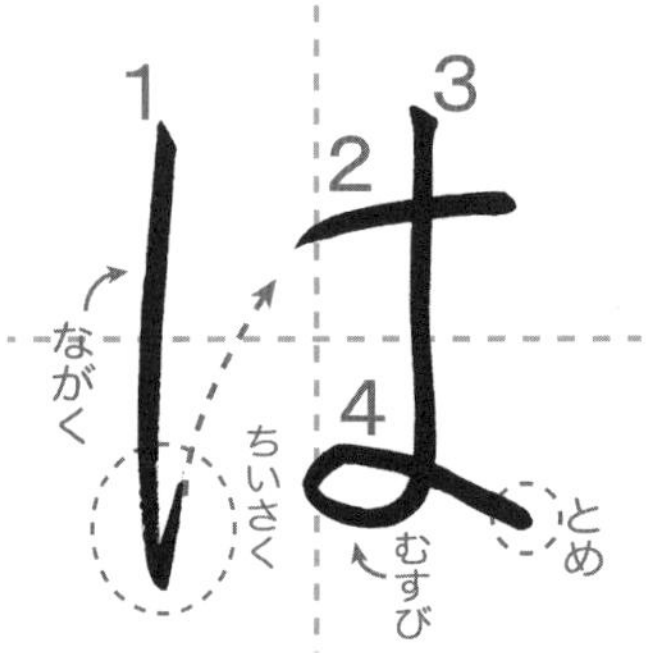

〈教え方のポイント〉

①一画の〈たてぼう〉は長く書いて、〈しゅっ〉で小さく跳ねる。
②二画の〈よこ〉は水平に引く。
③三画の〈たて〉は二画の〈よこぼう〉の長さのやや右寄りに交わる。
④結びの位置は一画よりに下がらないように注意する。

〈唱えて覚える口唱法〉

よこにもちあげ　たまごの　まるかき
みじかく　とん

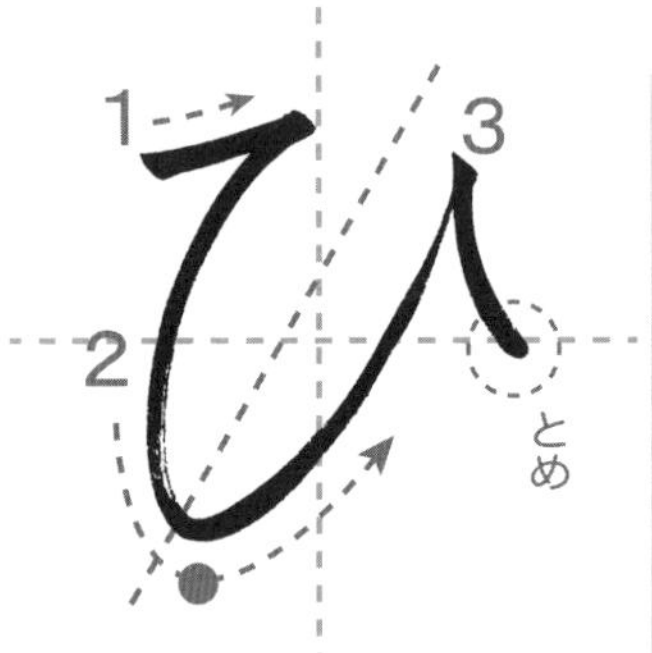

〈教え方のポイント〉

①書きはじめの〈よこにもちあげ〉は、やや右上がりで短く引く。
②〈たまごの　まるかき〉は折れてから左下へ滑らかな曲線を書き、中心より左下でいったん筆を止める感じで、右上への曲線を書く。
③書き終わりの部分はあまり小さくならず、反り気味に引いて〈とん〉でしっかり止める。

〈唱えて覚える口唱法〉

てんを　かき　おおきくしりふり　ちょぉん　ちょん

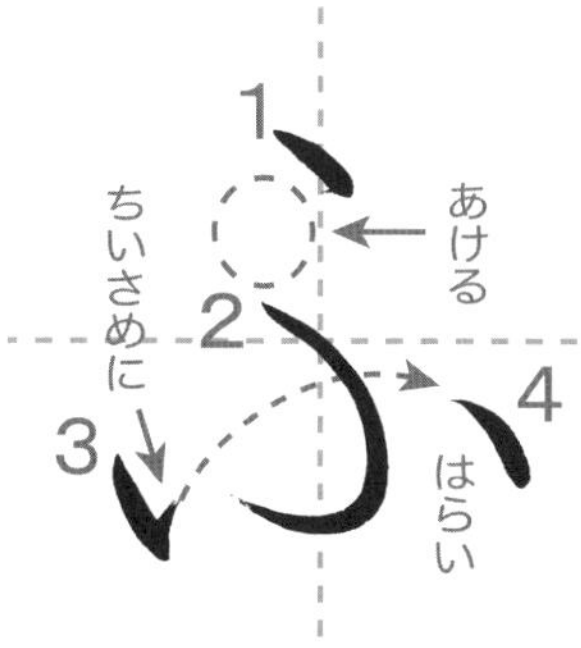

〈教え方のポイント〉

①一画の〈てん〉は中心にななめに打つ。

②二画の〈おおきくしりふり〉は一画との間を広くとり、中心線を右に越える曲線を引いて払う。

③四画の「ちょん」は右下に下がりすぎないように注意する。

④三角形の概形の中に安定よくおさめる。

〈唱えて覚える口唱法〉

ななめに　のぼって　ななめにおりる

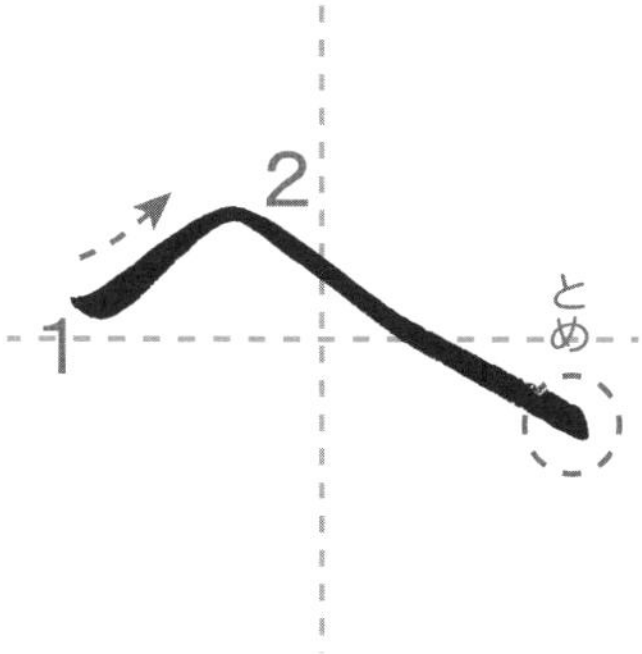

〈教え方のポイント〉

①〈ななめに　のぼって〉は右上がりに短く書く。

②〈ななめにおりる〉の右下への線は、右上がりの線の二倍くらいの長さで止める。

③カタカナと違い。頂点の部分に丸みを出す。

〈唱えて覚える口唱法〉

たてぼう　しゅっ　よこにほん　たてのしりふり　たまごがた

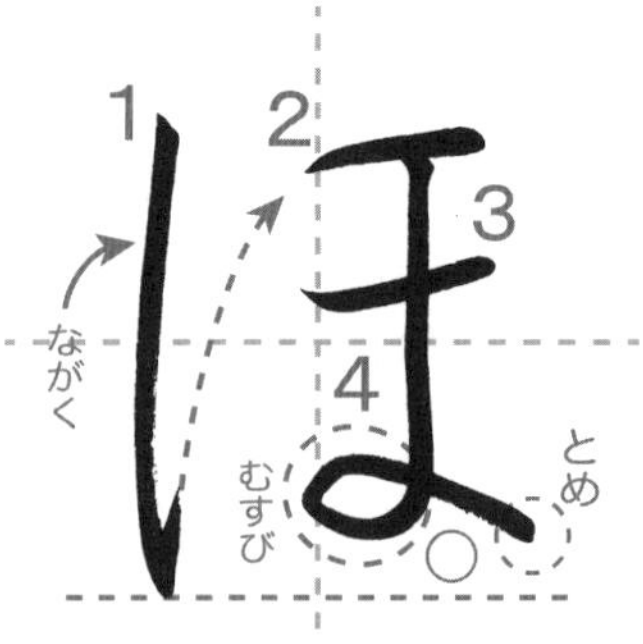

〈教え方のポイント〉

①一画の「たてぼう　しゅっ」は長く引いて小さく跳ねる。

②〈よこ二ほん〉は、中心より右に同じ位の長さで書く。

③結びの〈たまごがた〉は二・三画よりやや大きめに書き、最後は止める。位置は一画の跳ねより下がらないこと。

〈唱えて覚える口唱法〉

よこにほん　たてのしりふり　たまごがた

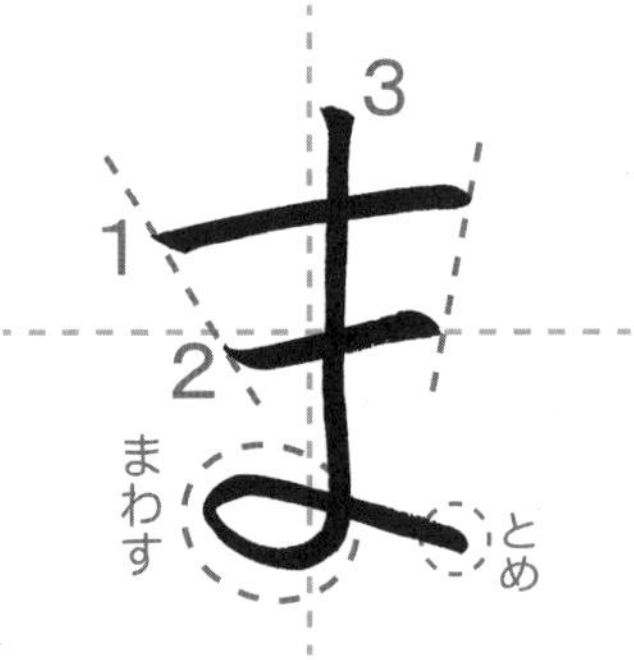

〈教え方のポイント〉

①「よこにほん」の一画めはやや右上がりに長く書く。

②二画めの「よこぼう」は一画より短い。

③ほぼ中心から引きおろした結びの〈しりふり〉は大きめにゆったりと安定感を持たせる。

④〈たまごがた〉の書き終わりはしっかり止める。

〈唱えて覚える口唱法〉

よこぼう　ななめで　もちあげて
ぐるっと　ひっぱり　ななめに　ぴゅう

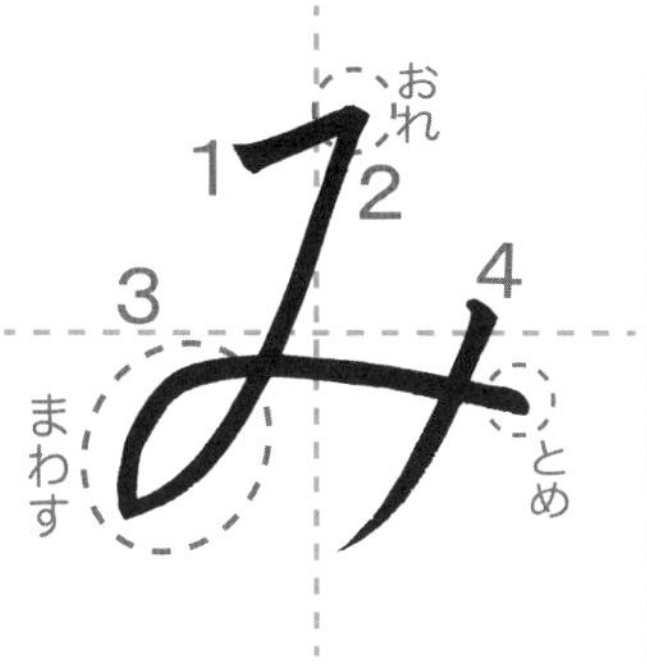

〈教え方のポイント〉

①書きはじめの〈よこぼう〉は「ひ」の書きはじめと同じ要領で、やや右上がりに短く書く。
②〈ななめで〉という折れから左下への線は長く引く。
③〈ぐるっとひっぱり〉は大きすぎない結びを作ったあと、右への線をしっかり伸ばして止める。
④三角形の概形の中に安定よくおさめる。

〈唱えて覚える口唱法〉

よこぼうで　たてぼうまるめて　ぴんとやって
ちょん

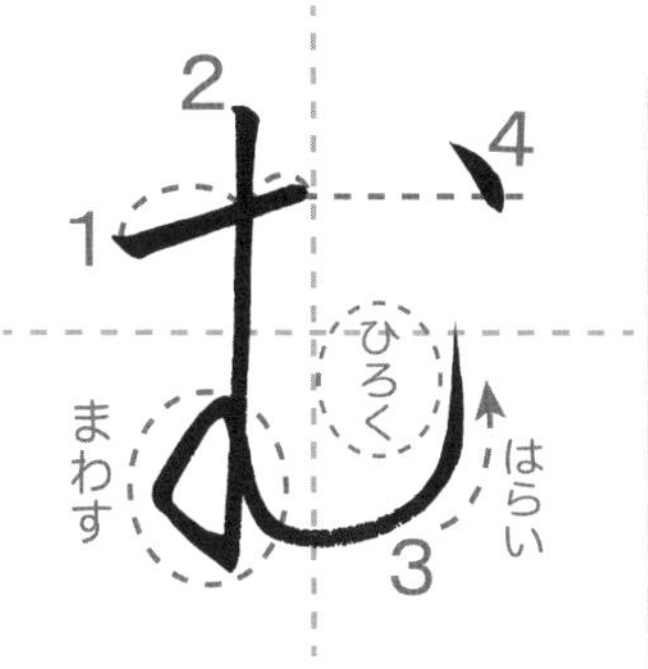

〈教え方のポイント〉

①一画の〈よこぼうで〉はやや右上がりに短く書く。
②二画の〈たてぼう〉は中心線より左側に長く引きおろして「まるめて」で下方に結ぶ。
③結びは円ではなく三角形になるつもりで。
④〈ぴん〉は〈ちょん〉へとつながる気持ちで、なるべく高い位置に、ななめにしっかり打つ。

〈唱えて覚える口唱法〉

みじかいななめで　はんたいななめ
もちあげまわして　おわりはぴゅう

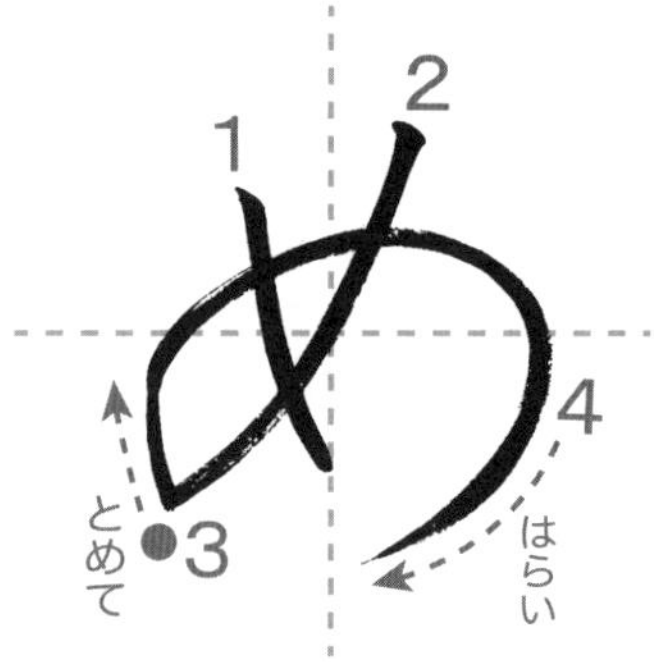

〈教え方のポイント〉

①一画の〈みじかいななめ〉は「ぬ」と同じ要領で左上から右下の中心線くらいまで引き、止める。

②二画の〈はんたいななめ〉は右上から左下でいったん止めて、〈もちあげ〉たあと〈まわして〉でゆったり大きくたまごを書くように。

③払いの「ぴゅう」は中心線に向かって勢いよく払う。

〈唱えて覚える口唱法〉

たてぼうおろして　まがってぴゅう
そしてあとから　よこにほん

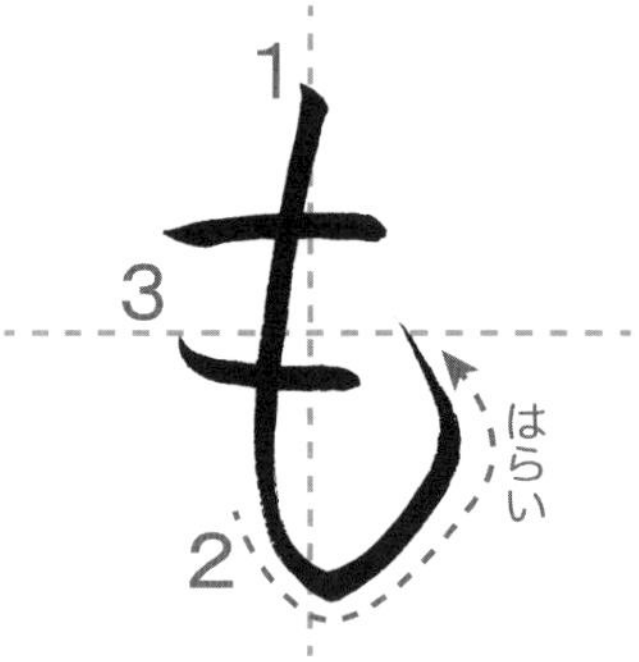

〈教え方のポイント〉

①〈たてぼうおろして〉の書きはじめは、中心から左側にふくらませるように下方に引く。

②〈まがってぴゅう〉はいちばん下のところから右に張り出すように引き、払いが二画の書きはじめに向かうとよい。

③二・三画は「こ」の字と同じ要領で向かい合うように書く。

④「し」に横画を入れたものとは違う。

〈唱えて覚える口唱法〉

よこぼうもちあげ　まわして　ぴゅう
てんをつけたら　ななめぼう

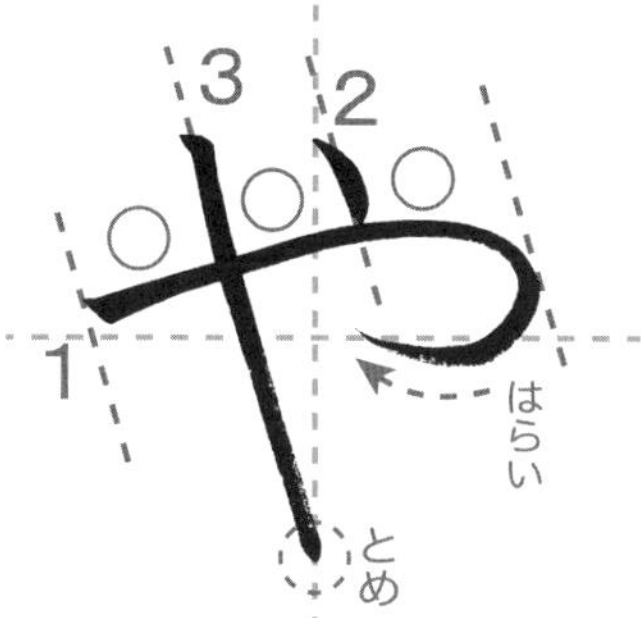

〈教え方のポイント〉

①一画の〈よこぼうもちあげ〉は右上がりに長く引き〈まわしてぴゅう〉で曲がったあと二画の〈てん〉に向かって払う。

②二画と三画は一画の〈よこぼう〉を三等分する位置に書く。

③二画の〈てんをつけたら〉は中心線より右側に打つように。

④三画の〈ななめぼう〉は左上から右下へななめに長く引いて止める。

〈唱えて覚える口唱法〉

たてをかき　おおきくまわして　たてぼう　ぴゅう

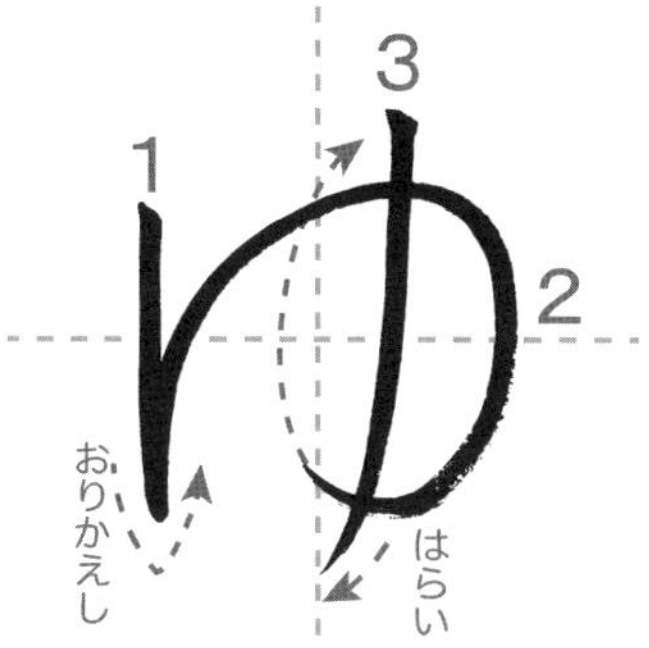

〈教え方のポイント〉

①〈たてをかき〉は折り返しまで垂直に引くつもりで持っていく。

②〈おおきくまわして〉で折れから大きくゆったりと曲線を回して払う。

③一画の払う位置は、ほぼ中心線上。

④二画の〈たてぼうぴゅう〉は中心より右で。少し右にふくらむようにたてぼうを引き、払いの部分が中心線に向かって少し曲がる。下方に長く出すぎないように注意する。

〈唱えて覚える口唱法〉

よこに　ちょん　たてのしりふり　たまごがた

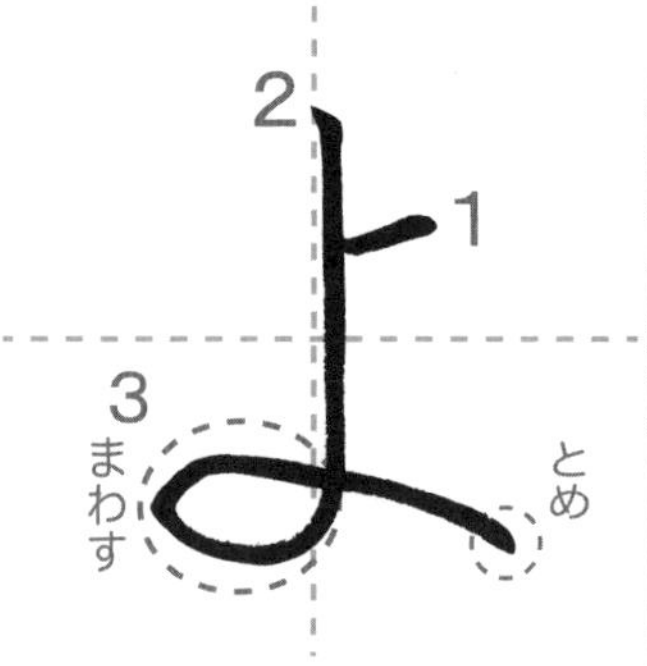

〈教え方のポイント〉

①一画の〈よこにちょん〉は、やや右上がりで小さく書く。
②〈たてのしりふり〉のたて画は長く中心線上を通る。
③二画の終りは大きく左上から書き終わりまで、直線的に引いて止める。
④たて長四角の概形の中に安定よくまとめる。

〈唱えて覚える口唱法〉

てんをかき　たてぼうとちゅうで　まわしてぴゅう

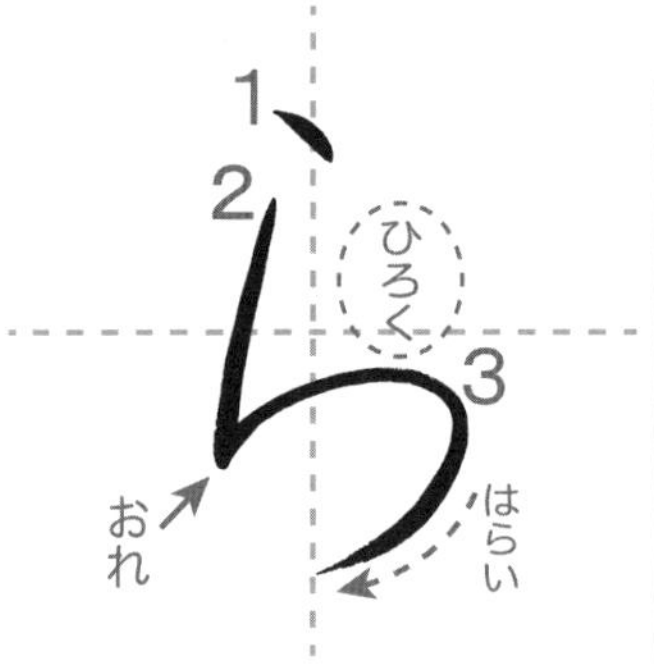

〈教え方のポイント〉

①一画の〈てんをかき〉の「てん」は中心線上にななめに打つ。
②二画の〈たてぼうとちゅうで〉の折れまでは長く、やや左側に張るような気持ちで書くとそのあとの〈まわしてぴゅう〉が滑らかにいく。
③〈まわしてぴゅう〉を回すとき、折れから払いの部分を円形にしない。
④〈ぴゅう〉は中心線をめがけて払う。

〈唱えて覚える口唱法〉

たてぼう　しゅっ　むかいあわせで
もひとつ　ぴゅう

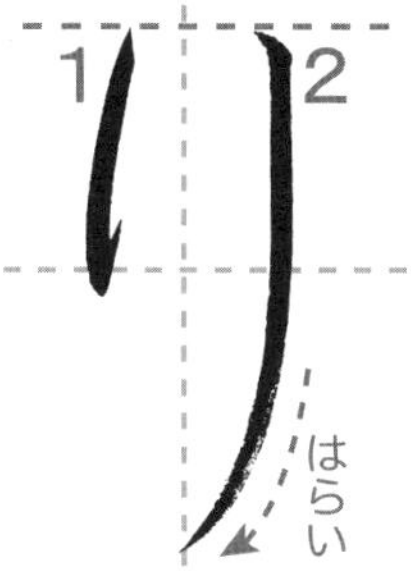

〈教え方のポイント〉

①一・二画は中心線を境にして向かい合うように書く。
②一画の〈たてぼう〉は短く、〈しゅっ〉で跳ねるとき二画の書き始めにつながる気持ちで。
③二画の〈むかいあわせで……〉は、途中まで垂直で払いの部分が中心線に向かう。
④二画めの出だしは、一画めの書きはじめより高くならない。

〈唱えて覚える口唱法〉

よこぼうで　ななめに　おろして　まわして　とじる

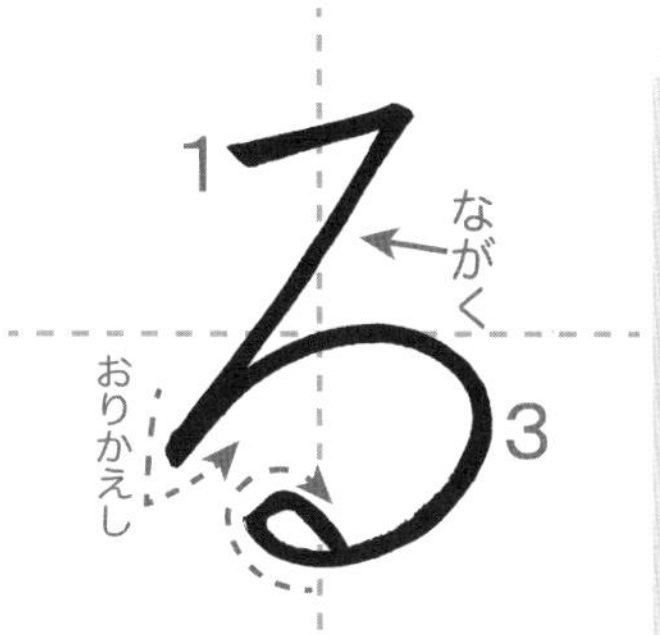

〈教え方のポイント〉

①書き始めの〈よこぼう〉は中心線を境に同じ長さで、右上がりに短く書く。
②〈ななめに〉は長く引くこと。
③折れてから大きく〈まわして〉、曲線でたまごを書くように。
④結びの〈とじる〉は小さめに、中心線より左側にくるように書く。三角形のつもりでしっかり結ぶこと。

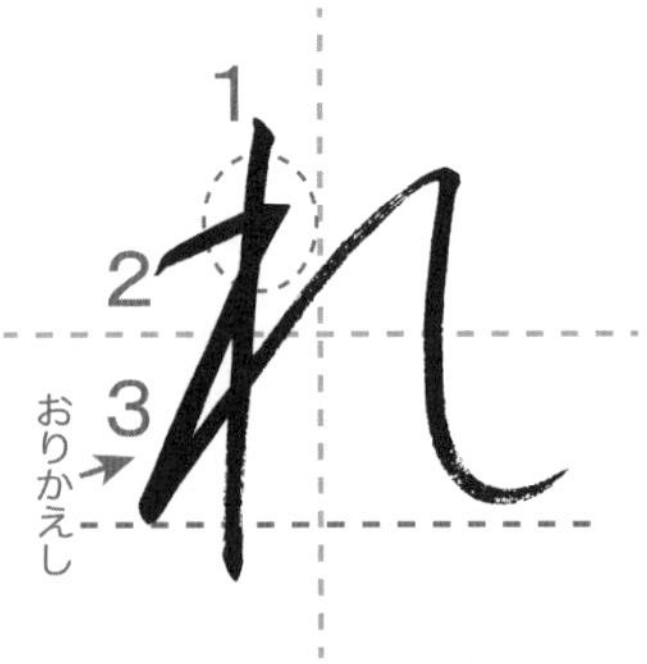

〈唱えて覚える口唱法〉

たてぼうで　よこかき　ひっぱり
あがって　すべる

〈教え方のポイント〉

①一画の〈たてぼう〉は「ね」と同じ要領で左側に長く書く。
②二画の最初の折れの〈よこかき　ひっぱり〉は一画と完全に接すること。
③二画の左側部分は小さくまとめて、右側部分は広い空間をとること。
④書き終わりの払い〈あがってすべる〉は「し」と同じ要領で外側に向かって払う。

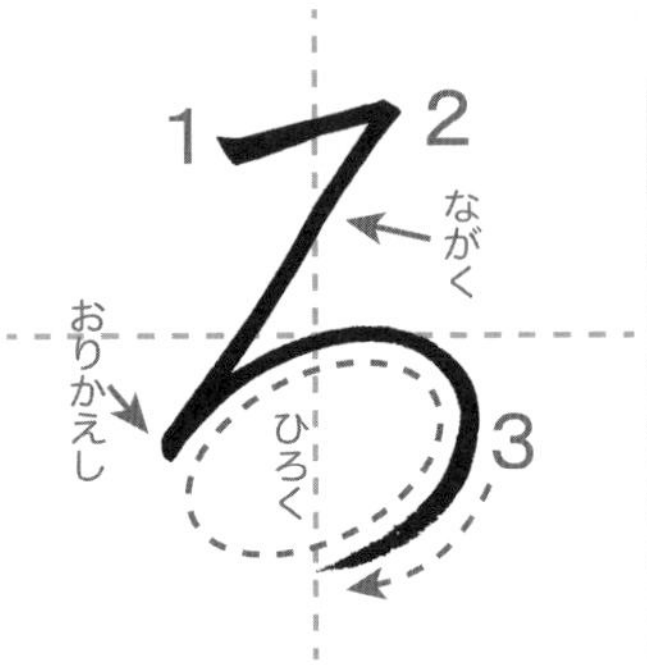

〈唱えて覚える口唱法〉

よこぼうで　ななめにおろして　まわして　ぴゅう

〈教え方のポイント〉

①「る」とまったく同じ要領の文字です。
②〈まわして〉で下部の丸みを大きく、たまごを書くようにして、安定感を持たせる。
③〈ぴゅう〉と払う部分は、中心線に向かって左下方向に。

〈唱えて覚える口唱法〉

たてぼうで　よこかき　ひっぱり　まわしてぴゅう

〈教え方のポイント〉

①「ね」「れ」の〈教え方のポイント〉を参考に。
②〈まわして〉で右側の曲線を大きくのびのびと書く。
③払いの〈ぴゅう〉は中心線より左側に出ないように注意する。
④漢字の「和」の草書を頭において書くとよい。

〈唱えて覚える口唱法〉

よこぼうに　ななめで　もどして　おろして　とん
もひとつ　かさねて　まわして　とん

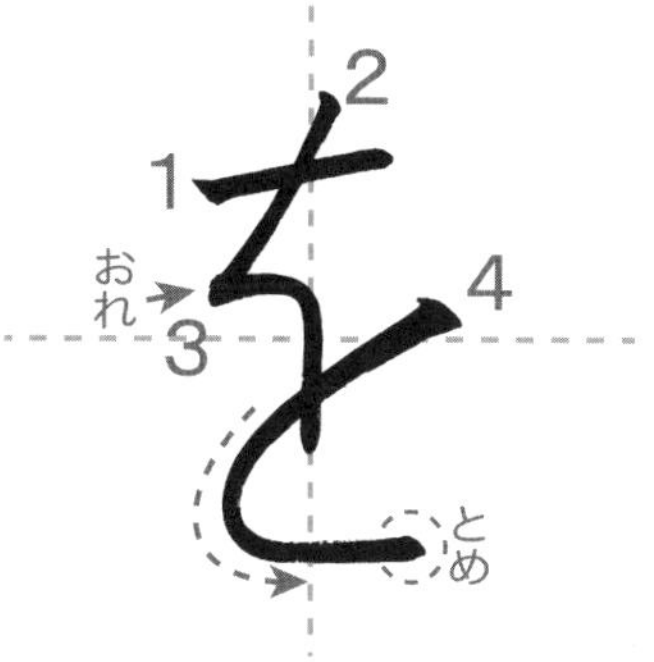

〈教え方のポイント〉

①一画の〈よこぼう〉は短く中心線を境に同じ長さ。
②二画めは中心線上から左斜め下にむかって書き、右ななめ下に短く折れる。
③折ったら中心までもどし、〈もどしておろしてとん〉で垂直にたて、おろして止める。
④三画は右肩を大きく出し、左回しでどっしりと、終りを〈とん〉で止める。
⑤左右に倒れないようにバランスに注意して書く。

〈唱えて覚える口唱法〉　ひっぱり　もどして　くるりん　ぴゅう

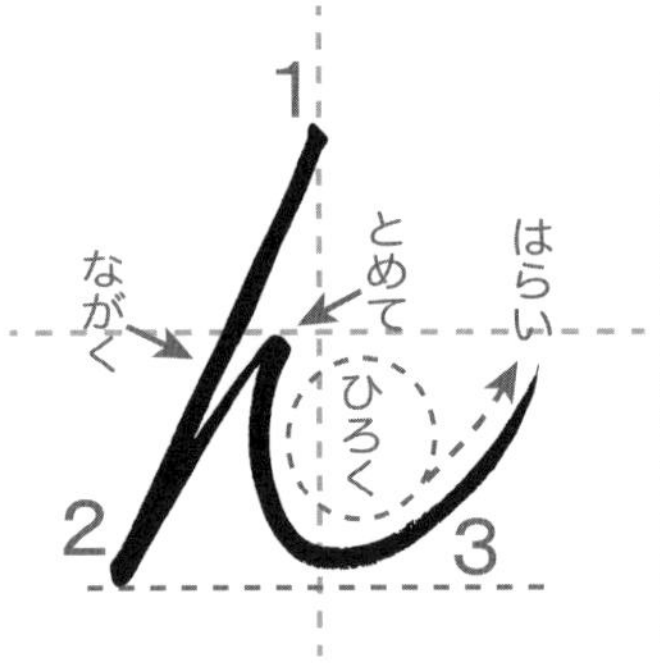

〈教え方のポイント〉

①左ななめに長く引きおろして〈もどして〉で半分ほど戻して呼吸を整える。
②戻した点は左ななめの線より少し右側に見えるようにする。
③いったん止めた点から〈くるりん〉で下方におろし大きな空間を作りながら、ななめに払いあげる。
④三角形の概形の中に安定よくまとめる。

下村　昇（しもむら　のぼる）

東京学芸大学卒業、東京都の公立小学校教諭を経て、現在「現代子どもと教育研究所」所長。ひらがな・カタカナ・漢字・数字などの口唱法の創出者。国語・漢字教育のほか、子供の教育全般にわたり活躍中。

著書の、下村式唱えて覚える「漢字の本」学年別全六巻は刊行以来５００万部近くを売り上げ。その他、主な著書に「幼児は文字を書きたがっている」「幼児に文字を教えてはいけないか」「下村式・小学漢字学習辞典」「下村式・小学国語学習辞典」（いずれも偕成社）「これでわが子も字が書ける」（国土社）「ドラえもんの国語おもしろ攻略　絵で見て覚える小学漢字1006」（ほかに多数・小学館）「下村式・はじめての漢字」（幻冬舎エデュケーション）、ほかに本書の実践編として「下村式となえておぼえるひらがなのおけいこちょう」（クリロンワークショップ画空間・刊）、や絵本・文字の本・童話など多数ある。

[URL] http://www.n-shimo.com

歌って唱えて字が書ける

下村式ひらがなの教え方

二〇一六年十二月二十五日　第一刷発行　NDC 376／807

著　者／下村　昇

発行者／栗原明理

発行所／クリロンワークショップ画空間

〒104-0061

東京都中央区銀座2-11-18　銀座小林ビル３F

電話 03-3546-3377

FAX 03-3546-3376

URL／http://www.a-kukan.com　Eメール／info@a-kukan.com

発　売／株式会社 銀の鈴社

〒248-0005

神奈川県鎌倉市雪ノ下3-8-33

電話 0467-61-1930

FAX 0467-61-1931

URL／http://www.ginsuzu.com　Eメール／info@ginsuzu.com

イラスト／豊島愛（キットデザイン株式会社）

レイアウト・装丁／近ゆうみ（クリロンワークショップ画空間）

印刷・製本／凸版印刷株式会社

ISBN 978-4-86618-002-1 C0081 ¥1500E

万一、落丁、乱丁等の不良品がございましたら「クリロンワークショップ画空間」へお送りください。お取り替えいたします。